lonely planet

MI PRIMERA GUÍA DE JAPÓN

¡QUE EMPIECE LA AVENTURA!

por Anna Brett

geoPlaneta
Av. Diagonal 662, 08034 Barcelona
www.geoplaneta.com www.lonelyplanet.es

Lonely Planet Global Limited
Lonely Planet Global Limited, Digital Depot,
The Digital Hub, Dublín D08 TCV4, Irlanda
www.lonelyplanet.com
Contacta con Lonely Planet en lonelyplanet.com/contact

Mi primera guía de Japón
1º edición en español – mayo del 2026
Traducción de *The Lonely Planet Kids Travel Guide of Japan,* 1º edición – 2026

La colección Lonely Planet Kids Travel Guides se ha producido en colaboración con el WonderLab Group, LLC.
Gracias a nuestra especialista en el país, Selena Takigawa Hoy.
Gracias a teamLab por el uso de su imagen en este libro.

Editorial Planeta, S.A.
Av. Diagonal 662-664, 7º, 08034 Barcelona (España)
Con la autorización para la edición en español de Lonely Planet Global Ltd, A.B.N. 36 005 607 983, Lonely Planet Global Limited, Digital Depot, The Digital Hub, Dublín D08 TCV4, Irlanda

ISBN: 978-84-08-31233-8
Depósito legal: B. 17.795-2025
Impreso en Malasia – *Printed in Malaysia*

lonely planet

MI PRIMERA GUÍA DE JAPÓN

¡QUE EMPIECE LA AVENTURA!

por Anna Brett

SUMARIO

- Cómo usar este libro 10
- ¡Bienvenidos a Japón! 12
- Para orientarte 14
- Cómo moverte por el país 18
- Lugares divertidos 30
- ¡Vaya vistas! 44
- ¡A comer! 56
- Tokio 68
- Solo en Japón 82
- El lado más salvaje 94
- Japón verde 106
- Secretos del país 118
- Encuentra las diferencias 130
- Índice 134
- Webs 138
- Créditos fotográficos 139

FOTO: Tokio es una ciudad intensa y llamativa.

CÓMO USAR ESTE LIBRO

¿Buscas las cafeterías temáticas más monas de Japón o te encanta su naturaleza virgen? Quizá quieras descubrir algunos lugares para jugar o conocer más de cerca su incomparable cultura. O, tal vez, todo ello. Cada capítulo de este libro está dedicado a un tema. Puedes leer la guía de principio a fin o ir leyendo solo los capítulos que te interesen. No olvides examinar cada página en busca de lugares, personas, datos curiosos y mucho más. Aquí tienes algunos de los aspectos más destacados de esta guía.

JAPÓN EN COLOR

Datos básicos
Templos en Kioto: **1600**
Santuarios en Kioto: **400 aprox.**
Edificio más antiguo de Kioto: **pagoda de cinco niveles en el templo de Daigo-ji, del año 951**

VERDE BAMBÚ

Puede parecer sencillo en comparación con los templos y santuarios antiguos, pero uno de los lugares más fotografiados de Kioto es un bosque de bambú. Pero no se trata de un bambú cualquiera: miles de plantas conforman el mundialmente conocido **bosque de bambú de Arashiyama.** Con aproximadamente 500 m de largo y 152 m de ancho, te preguntarás por qué está aquí. El bambú se cultivaba originalmente como material para artesanía (como la cestería) y alimento, pues fresco se puede comer crudo, o a la barbacoa, o fermentado en un bol de ramen.

FOTOS: una mujer en el bosque de bambú (arriba); el jardín karesansui en el Pabellón de Plata, en Kioto (pág. siguiente, arriba); el Pabellón de Oro, en Kioto (pág. siguiente, abajo).

54 Mi primera guía de JAPÓN

ARENA PLATEADA

El **Pabellón de Plata (Ginkaku-ji)** fue la villa de retiro de un sogún (un jefe militar) a quien le gustaban las artes. En vida del sogún Ashikaga Yoshimasa, en el s. XV, se popularizó el diseño de jardines. El precioso jardín de musgo y el jardín seco de arena que se encuentran en el recinto de la casa están abiertos al público. El "Mar de arena plateada" es un jardín seco de arena rastrillada, o *karesansui*, que tiene un gran cono de arena en el centro llamado "Plataforma para contemplar la luna". Está pensado para que el jardín sea aún más bonito cuando la luz de la luna lo ilumina.

La última gran reforma del Pabellón de Oro se realizó en 1987 y costó aprox. 700 millones de yenes (4 millones de euros).

LA EDAD DE ORO

En la ciudad de Kioto, descubrirás la ancestral belleza japonesa en cada esquina. Muchos de los edificios tienen hasta 1000 años de antigüedad y recuerdan a la época en la que Kioto era la capital de Japón. Uno de los más famosos, y desde luego el más glamuroso, es el **Kinkaku-ji,** o Pabellón de Oro. Las plantas segunda y tercera se recubrieron de pan de oro, ¡más de 20 kg, para ser exactos! Fíjate en el fénix dorado que corona el templo: simboliza el renacimiento, la renovación y la sabiduría.

¡Vaya vistas! 55

¿Te gusta recopilar datos y estadísticas?

Fíjate en estos apartados.

Aquí tienes la traducción de unas cuantas palabras y expresiones que encontrarás en esta guía.

ESPAÑOL / JAPONÉS

Hola / Konnichiwa
Adiós / Sayōnara
Gracias / Arigatō
Disculpe / Sumimasen
Por favor / Onegai shimasu

¿Qué hace que este país sea tan inspirador?

Consulta “Mil juegos” en p. 32 o “Arte comestible” en p. 64.

¿Tienes curiosidad por conocer los lugares más raros o la singular cultura japonesa?

Lee “Secretos del país” en pp. 118-129.

¿Necesitas hacer algo mientras esperas un tren, autobús, avión o ferri?

Diviértete con “Encuentra las diferencias” en pp. 130-133.

¡BIENVENIDOS A JAPÓN!

¿Crees que conoces Japón?

Luces brillantes, juegos ultramodernos, trenes velocísimos... pero también coquetas cafeterías de gatos, deporte tradicional de sumo y cómics manga. ¿Qué te parecería ver a los monos de la nieve, bucear por islas tropicales o sumergirte en aguas termales? ¿Conoces los diferentes tipos de *sushi* o las sandías cuadradas? Japón es una fuente inagotable de experiencias interesantes, y muchas de ellas no existen en ningún otro lugar. Sea lo que sea lo que te interese, en Japón siempre verás algo que te dejará con la boca abierta y esta guía te ayudará a encontrarlo. ¡Empieza la aventura!

FOTO: cerezos en flor en el parque Chidorigafuchi, Tokio.

La magia de las flores

De finales de marzo a principios de abril, los cerezos de todo Japón se tiñen del rosa intenso de sus flores. Estas, llamadas *sakura* o flores de cerezo, son tan importantes para el país que los menús incluyen comidas y bebidas inspiradas en ellas, las tiendas venden adornos con motivos florales, y se celebran fiestas y festivales bajo los árboles.

PARA ORIENTARTE

Japón es un país formado por islas, ¡más de 14 000 en total! Sin embargo, la mayoría de la población vive en las cinco más grandes. El país está situado cerca del borde de cuatro placas tectónicas (esas grandes piezas móviles que forman la capa exterior de la Tierra), y eso significa que en Japón hay montañas y volcanes y, a veces, terremotos.

El monte Fuji es el pico más alto de Japón y también un volcán activo (pero no te preocupes, ¡lleva inactivo desde 1707!).

UN VISTAZO A LA CAPITAL: TOKIO

En la isla principal de Japón, Honshū, las luces de Tokio brillan intensas. Es imposible pasar por alto esta capital y megalópolis ultramoderna. En Tokio viven muchísimas personas. Más de 14 millones habitan en la ciudad en sí y 41 millones aproximadamente en toda la región. Es una ciudad acelerada y vanguardista, así que respira hondo y prepárate para experimentar cosas que creías que solo existían en el futuro.

ZOOLÓGICO DE UENO
ASAKUSA HANAYASHIKI
ESTANQUE SHINOBAZU, UENO
CALLE KAPPABASHI
TOKYO SKYTREE
TIENDA SUPER POTATO, AKIHABARA
MERCADO DE PESCADO TOYOSU
PUENTE RAINBOW
ISLA DE ODAIBA
DISNEYLAND

CÓMO MOVERTE POR EL PAÍS

FOTO: los trenes Shinkansen transportan pasajeros por el país a velocidades de hasta 320 km/h.

EN TREN RÁPIDO

EL INCREÍBLE TREN BALA

Es un pájaro, es un avión... ¡no, es un tren bala! Japón desarrolló la primera red ferroviaria de alta velocidad del mundo en la década de 1960, y el Shinkansen se diseñó específicamente para circular más rápido que cualquier otro tren hasta la fecha. El "morro" redondeado del tren contribuye a la velocidad y le da su apodo. La red de trenes Shinkansen del país permite viajar a toda pastilla desde la isla de Hokkaidō, cruzando Honshū y hasta Kyūshū, al sur.

Aunque el tren alcanza velocidades de 320 km/h, el viaje es tranquilo y estable.

El primer Shinkansen, que se puso en marcha en 1964 en el trayecto Tokio-Osaka, comenzó a funcionar unos días antes de la inauguración de los JJ. OO. de Tokio.

UN TRAYECTO SIN IGUAL

No llegues tarde, ¡el tren no espera! Los trenes Shinkansen tienen fama mundial por su puntualidad, y los retrasos los miden en segundos, no en minutos. A estos trenes les profesan un gran respeto: cuando un Shinkansen entra en la estación, el personal del andén le hace una reverencia. Y antes de que empiece un nuevo viaje, los empleados obran su "milagro de siete minutos" para dejar los vagones bien limpios. Entonces los pasajeros pueden subir (¡rápido, por favor!), sentarse, relajarse ¡y disfrutar las vistas!

***FOTOS:** el morro de un Shinkansen (arriba); asientos de primera clase en un tren (izda.).*

EL METRO DE TOKIO

EL CORAZÓN DE LA CIUDAD

Bienvenidos a la red de metro más transitada del mundo. Si no contara con este mundo subterráneo, Tokio se paralizaría. Los trenes que circulan por sus 13 líneas transportan a la gente por toda la ciudad, pero en las estaciones de mayor tamaño también hay grandes almacenes, restaurantes y tiendas. Las estaciones están limpias y son seguras, incluso **Shinjuku,** la más concurrida del mundo, por donde pasan más de 3,5 millones de personas cada día.

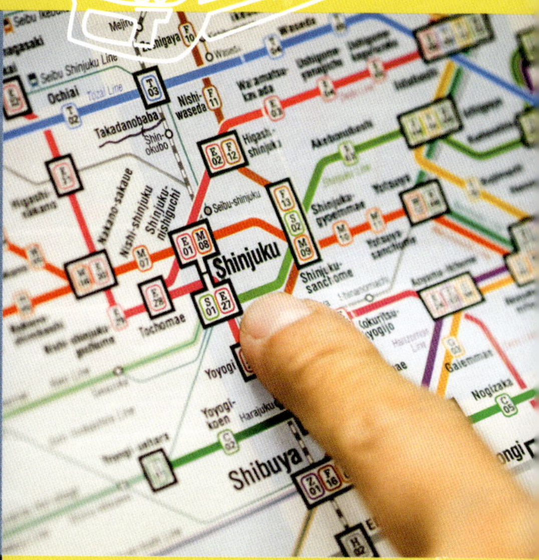

BILLETES Y PINGÜINOS

La gigantesca red de metro de Tokio está gestionada por Tokyo Metro (con 9 líneas) y Toei Metro (con 4 líneas), y muchas estaciones también conectan con trenes de superficie. ¿No tienes claro qué línea tomar o qué billete necesitas? Solo tienes que buscar un simpático pingüino llamado Suica: es la imagen de una tarjeta prepago que te servirá para todos los viajes de metro. Los usuarios habituales, si viajan cada día antes de la hora punta ganan puntos que pueden canjear por un premio en efectivo. ¡Cling, cling!

***FOTOS:** un mapa del metro (arriba); una tarjeta prepago (izda.); un empujador oshiya (pág. siguiente, arriba); en fila para subir a un tren (pág. siguiente, abajo).*

Sabrás que quien te está empujando es un oshiya (y no un pasajero nervioso) por sus guantes blancos.

¡ADEEENTRO!

No es de extrañar que el concurrido metro de Tokio se llene hasta arriba en hora punta. Cuando la gente se desplaza al centro de la ciudad por trabajo, los vagones llegan a estar abarrotados. Pero en lugar de preocuparse, la red de metro cuenta con *oshiya*, “empujadores”, que ayudan a que en cada vagón entre tanta gente como sea posible.

Datos básicos

Longitud total de las vías: **304 km**

Número total de estaciones: **286**

Pasajeros diarios: **15 millones aprox.**

MUCHA CALMA

Por suerte, no siempre necesitarás que te empujen para subirte a un tren y, aunque en las estaciones puede haber mucho ajetreo, la experiencia de circular por la ciudad puede ser... muy tranquila. En los vagones la gente habla en voz baja (o no dicen ni mu). Tampoco se permite comer, por lo que el pasajero de al lado no te echará sus migas por encima. En invierno, los asientos tienen calefacción, y por la noche y en hora punta hay vagones solo para mujeres. Como ocurre por todas partes en Japón, la cortesía es la norma, por lo que los viajeros siempre hacen cola para subir.

EN BARCO

A TU RITMO

Después de tantas emociones en la gran ciudad, tal vez un ferri sea justo lo que necesitas para bajar el ritmo. A muchas de las islas de Japón solo se puede llegar en barco, pero también es divertido tomar el ferri para ir a muchas de las islas grandes. Una ruta emblemática es embarcar en **Kagoshima,** en la isla de Kyūshū, y dirigirse hacia el sur a **Naha,** en Okinawa Hontō. ¡Tendrás 25 horas para relajarte a bordo! Naha es una ciudad moderna, pero puedes tomar otro ferri (un trayecto mucho más corto) a las islas de **Tonaki** o **Kume,** donde te esperan aguas cristalinas, playas de arena blanca ¡y tortugas marinas!

***FOTOS:** un ferri en el puerto de Kagoshima (arriba); ferri tipo hidroplano de alta velocidad (pág. siguiente, arriba); cabina solo para mujeres en un ferri (pág. siguiente, abajo).*

FERRI VOLADOR

Prueba a tomar el ferri hidroplano de alta velocidad desde Tokio para visitar la cadena de islas al sur de la capital. Esta embarcación impulsa el agua de mar a través de su motor para propulsarse y elevarse sobre el agua. Con sus dos "alas" que lo mantienen estable, parece volar sobre la superficie.

Los hidroplanos alcanzan velocidades de hasta 80 km/h, y los reconocerás gracias a sus diseños de vivos colores.

¡TODOS A BORDO!

Las grandes compañías de ferris que operan en todo el país son prácticamente como cruceros, con capacidad para cientos de pasajeros, además de vehículos. Hay mucho que hacer a bordo: cuentan con restaurantes, cine, salas de juegos infantiles e incluso baños públicos. Estas casas de baño *sento* tradicionales provienen de una época en la que muchos hogares no contaban con bañeras, por lo que la gente acudía al *sento* más cercano para lavarse, relajarse y socializar. También hay camarotes privados para dormir o dormitorios colectivos con tatamis, colchones sencillos y mantas, donde los pasajeros pueden descansar.

PONTE LAS BOTAS

RUTA YOSHIDA

La ruta Yoshida te lleva a la cima del monte Fuji; es un sendero de 16,7 km que puedes tardar hasta 8 horas en recorrer debido al desnivel de 1613 m. Tómate un respiro y pasa la noche en la cabaña que hay cerca de la cima; si madrugas, llegarás a la cima mientras ves amanecer.

EL TECHO DEL PAÍS

El **monte Fuji** es un lugar sagrado, y muchos creen que emprender el ascenso es una experiencia espiritual. Sin embargo, no solo lo disfrutan las personas: a los monos, ciervos, jabalíes e incluso osos negros también les gusta explorar esta montaña. Intenta avistar al poco común *serau* japonés, un antílope similar a la cabra montés que está considerado como un misterioso habitante de la montaña y que se oculta en las remotas laderas del Fuji.

***FOTOS:** excursión al monte Fuji (arriba); los Alpes Japoneses (pág. siguiente, arriba); bosque de bambú en el templo Adashino Nenbutsu-ji (pág. siguiente, abajo).*

ALPES JAPONESES

En una parte de la isla de Honshū se extiende una cadena montañosa conocida como los **Alpes Japoneses.** Por esta zona hay rutas de senderismo adaptadas a todos los niveles y, para unas vistas inolvidables, se puede hacer una excursión de tres días desde el monte Yarigatake hasta el monte Okuhotaka-dake, a lo largo de la cordillera de Hotaka. Ten cuidado en el **desfiladero de Daikiretto,** donde el terreno desciende abruptamente 300 m por cada lado y en el que, más que caminar, tendrás que trepar para seguir avanzando. Por suerte, hay cadenas y escaleras para ayudarte a subir y cabañas a lo largo de la ruta para reponer fuerzas.

En la cumbre de muchas montañas de Japón, en ocasiones hay algo más que vistas: un hermoso templo o santuario te dará la bienvenida después del ascenso.

BAÑOS DE BOSQUE

Pasar tiempo al aire libre es una parte importante de la cultura japonesa, y muchos japoneses practican el llamado *shinrin-yoku*, o "baño de bosque", es decir, sumergirse en la naturaleza. Uno de los mejores lugares para hacerlo es en un bosque de bambú, cuyos troncos altos y finos se balancean al viento y ofrecen una experiencia única y relajante. En Kioto se encuentra el famoso **bosque de bambú de Arashiyama,** con troncos de hasta 25 m de alto; a solo media hora andando está el bosque de bambú del **templo Adashino Nenbutsu-ji.** La ruta entre ambos es un viaje en el tiempo, pues se camina por la **calle preservada Saga Toriimoto,** con casas tradicionales de más de 100 años.

MONTAÑAS DE JAPÓN

La palabra *Japow* viene de "Japan Powder", la nieve en polvo de Japón que adoran los esquiadores y que ha dado fama al país.

FANTASÍAS NEVADAS

Imagina: hace frío, está oscuro y a lo lejos te parece ver un monstruo enorme avanzando entre la nieve. ¿Podría ser un yeti? ¿O su primo japonés, un *juhyo*? A medida que sale la luna, se te acelera el corazón... y entonces, *uf*, descubres que solo es un abeto al que la nieve y el hielo han dado una forma sobrenatural. Puedes ver estas misteriosas formaciones en el **monte Zao;** para no pasar tanto miedo, haz un circuito en moto de nieve cuando las iluminan por la noche. Otra impresionante formación que vale la pena ver es el **túnel de nieve de Murodo.** El túnel se crea cuando las quitanieves limpian la carretera en una parte de la **ruta alpina Tateyama Kurobe,** acumulando la nieve a ambos lados en paredes de 20 m de altura.

***FOTOS:** los monstruos de nieve (árboles helados) del monte Zao (arriba); snowboard en Niseko (pág. siguiente, arriba); un teleférico sobre árboles helados (pág. siguiente, abajo).*

NIEVE SIN FIN

Hokkaidō, una isla del norte, se está convirtiendo en uno de los mejores lugares del mundo para el esquí y el *snowboard*. Gracias a su clima fresco, las altas montañas y los monzones de invierno, que recogen humedad al pasar sobre el mar de Japón, aquí no deja de nevar. Con sus casi 100 estaciones de esquí (**Niseko** es una de las más grandes), ¡podrás practicar esquí, *snowboard*, raquetas, trineo o montar motos de nieve hasta aburrirte!

¿TE LLEVO?

Para poder deslizarte montaña abajo, primero hay que subir. Por suerte, los telesillas están ahí para ayudarte. Funcionan con rollos de cable que circulan entre dos poleas y conducen las sillas montaña arriba. Para subirte al telesilla, sitúate por donde pasa la silla y, cuando llegue, siéntate con cuidado y deja que te recoja. Si hace mucho frío, hay una alternativa más protegida: los teleféricos. *¡Brrr!*

LUGARES DIVERTIDOS

FOTO: por las alturas en tirolina, en el Mobility Resort Motegi.

MIL JUEGOS

Datos básicos

Mayor distribuidora japonesa de videojuegos: **Nintendo**

Primer juego Nintendo: ***EVR Race*, en 1975**

El juego más vendido de Nintendo: **Wii Sports, con 82,9 millones de copias**

¡VAMOS ALLÁ!

¿Quieres participar en tu propia carrera de *Mario Kart*? ¿O quizá montarte en Yoshi y superar minijuegos mientras buscas logos de Mario escondidos? Esta vez no es un juego... ¡es todo de verdad! Lo encontrarás en **Super Nintendo World,** en los Universal Studios de Osaka. En Japón se han creado muchos de los mejores juegos y personajes, por lo que no es de extrañar que ese mundo virtual se haya convertido en real. También puedes visitar otros parques temáticos dedicados a los videojuegos, como la zona de Sonic en **Joypolis,** en Tokio.

CAFETERÍAS TEMÁTICAS

¿Cuál es tu personaje favorito? Lo más probable es que tenga una cafetería temática que puedes visitar. Kirby, Pompompurin, Hello Kitty, Ryu de *Street Fighter*... Todos ellos están dispuestos a darte la bienvenida a su mundo mientras te tomas algo. Pero tendrás que reservar mesa, porque estas cafeterías son muy populares. Con suerte, tal vez puedas ver al personaje en sí y una actuación en directo. ¿Quién quiere tortitas de Pokémon?

NUEVO Y VIEJO

En el **barrio de la electrónica de Akihabara,** en Tokio, se concentra todo lo relacionado con videojuegos. Hay tiendas que venden lo último en tecnología y juegos, y salas recreativas donde podrás probarlos. Seguramente también verás gente disfrazada. Es lo que se conoce como *cosplay,* es decir, personas que se caracterizan como sus personajes favoritos. ¡Pásate por la tienda **Super Potato,** donde hay videojuegos retro que quizá no conozcas! Escucha las pegadizas músicas temáticas y prepárate para perderte entre las bibliotecas de videojuegos y productos promocionales únicos. Termina el día jugando a tus favoritos.

FOTOS: Super Nintendo World (pág. anterior); cafetería de Hello Kitty (arriba); carteles de colores en Akihabara (izda.).

ARTE ANIMANGA

EL ALUCINANTE ANIME

Las películas y dibujos animados japoneses presentan un estilo particular que se llama anime. 'Anime' es la abreviatura de la palabra japonesa *animēshon,* que significa "animación" Aunque nunca hayas oído hablar del anime, seguro que lo reconocerías. Parte del contenido de este género se crea en el **Estudio Ghibli,** donde se han creado películas como *El viaje de Chihiro*. Puedes visitar el Museo Ghibli de Mitaka, en Tokio ¡solo si has reservado la entrada meses antes! Verás magníficas obras, una zona de juegos muy chula, y jardines con esculturas de personajes como Totoro y el robot gigante.

***FOTOS:** el Museo Ghibli, Mitaka (arriba); un artista de manga en el Museo Internacional del Manga de Kioto (pág. siguiente, arriba); Pikachu (pág. siguiente, abajo).*

MUCHO MANGA

Visita el **Museo Internacional del Manga de Kioto** para descubrir este estilo de cómics tan característico de Japón. La colección es gigantesca: hay almacenados 300 000 aproximadamente y 50 000 de ellos están disponibles para que les eches un vistazo. Pero te avisamos: las series de manga pueden ser larguísimas. *Sailor Moon* tiene 18 volúmenes y *Dragon Ball,* 42. No te pierdas el Estudio Manga; podrás ver a artistas profesionales en pleno trabajo ¡e incluso pedirles que te hagan un retrato!

Uno de los primeros personajes de manga fue Astro Boy, creado por Osamu Tezuka en 1963.

En la cafetería Pikachu Sweets encontrarás *cupcakes* amarillos con orejitas de Pikachu y gofres “Pokeffle” ¡que vienen con pegatinas de Pikachu gratis!

LOS POPULARES POKÉMON

Se considera el anime más popular en todo el mundo: el mundo de Pokémon (monstruos de bolsillo que se coleccionan y se entrenan para luchar) abarca tanto anime como manga, además de videojuegos, cartas coleccionables y películas. El **Pokémon Center** de Ikebukuro, Tokio, es la tienda donde encontrarás de todo. Por ejemplo, fideos de ramen de temática Pokémon (¡ñam!), un puf con forma de Snorlax o una pelotita de goma de Mewtwo, además de objetos coleccionables muy poco comunes. Luego, pásate por la **cafetería Pikachu Sweets** para ver al querido amigo amarillo.

¡QUÉ MONADA!

QUÉ GUAY EL 'KAWAII'

Kawaii es una palabra en japonés que designa todo lo que es "adorable". Pero no se refiere solo a lo que se observa a simple vista: también es esa sensación cálida que te invade a veces y un homenaje a todo lo que es dulce y feliz. Por eso, en todo Japón encontrarás pegatinas diminutas, bonitos bolígrafos, animalitos monísimos, y adorables personajes de dibujos animados. La papelería **Loft,** en Shibuya, es conocida por sus artículos coleccionables *kawaii* temáticos muy especiales y de edición limitada.

CAFETERÍAS DE GATOS

Nada es más *kawaii* que un gatito... ¡y en estas cafeterías podrás acariciarlos! Pero asegúrate de visitar una fiable. Por ejemplo **Neco Republic,** en Osaka, es una cafetería de gatos rescatados donde cuidan a los animales y la gente acude a relajarse y pasar un rato con ellos, como si fueran mascotas. Además hay extras, como meter los pies en un baño de spa mientras acaricias un gato en tu regazo. E incluso puedes ir a una fiesta de pijamas monísima: también tienen el primer hotel con gatos del mundo.

***FOTOS:** triángulos de arroz onigiri* **kawaii** *(arriba); gatos en una cafetería gatuna (izda.); Hello Kitty en Sanrio Puroland (pág. siguiente, arriba); estilosas en Harajuku (pág. siguiente, abajo).*

HELLO KITTY

Hablando de gatos, ¿te has encontrado ya con Hello Kitty? Hazle una visita en el parque temático cubierto **Sanrio Puroland,** en Tokio, y sumérgete en un mundo *kawaii*. Da un paseo en barco por el parque para conocer a Hello Kitty y sus amigos, o súbete al coche de My Melody para descubrir puestos donde hacerte fotos, imprimirlas y decorarlas con pegatinas y sellos. Y, para terminar, el desfile del parque, ¡donde el *kawaii* alcanza ya unos niveles cuquis estratosféricos!

La cultura *kawaii* moderna se inició en los 70, cuando un grupo de colegialas comenzó a poner adornos monísimos a su material escolar.

MODA FLIPANTE

Date una vuelta por el **barrio de Harajuku** para ver el *kawaii* expresado a través de la moda. Pelo rosa, horquillas bonitas, lazos y montones de piedras preciosas: si es llamativo y divertido, todo vale. De hecho, la zona de Harajuku es famosa por promover la libertad de expresión mediante cualquier tipo de ropa. Seguro que verás muchos estilos diferentes en las calles, ¿te unes?

MÚSICA, MAESTRO

¡A DARLO TODO!

El karaoke es un pasatiempo muy popular en Japón, una oportunidad de soltarte y cantar tus canciones favoritas en una sala privada de karaoke. Puedes invitar a unirse a quien tú quieras (¡si es que hay ganas!). Y no te preocupes si desafinas, lo importante es divertirse. Solo tienes que hacerte con el micrófono y cantar siguiendo las letras de la pantalla. ¡Hasta podrías animarte con el j-pop y acabar cantando canciones pop en japonés!

En pocas palabras, *taiko* significa "tambor", y los japoneses llevan tocando tambores más de 2000 años.

Hay más de 8000 locales de karaoke en todo el país, cada uno con varias salas privadas en su interior. En total, ¡muchísima gente a la vez practicando para convertirse en estrellas del pop!

QUE EL RITMO NO PARE

Para vivir una experiencia musical más tradicional, acude al **Taiko Center** de Kioto, donde aprenderás a tocar un tambor *taiko* y verás una actuación en directo. Es un instrumento grande, tallado en una sola pieza de madera y cubierto con una pieza de cuero. Los músicos lo tocan con dos gruesas baquetas de madera llamadas *bachi*. Utilizan movimientos rítmicos y puede ser una actuación muy enérgica. En el Taiko Center puedes apuntarte a una clase para sentir el poder de este instrumento y dejar que las vibraciones recorran tu cuerpo mientras tocas con los pies descalzos.

***FOTOS:** cantando en una sala de karaoke (arriba); músicos de taiko (izda.).*

DIVERSIÓN A TOPE

Datos básicos

Parques temáticos en Japón:
más de 100

Parque más grande:
Huis Ten Bosch, 153 Ha

El más visitado:
Universal Studios

ROMPIENDO RÉCORDS

Si buscas aún más emociones y adrenalina, pásate por **Fuji-Q Highland,** con montañas rusas que baten un récord tras otro a los pies del mismísimo monte Fuji. Fujiyama era la montaña rusa más alta y rápida del mundo cuando se inauguró en 1996. Takabisha tiene la caída más pronunciada. Eejanaika te pone cabeza abajo nada menos que 14 veces, el mayor número de inversiones en una montaña rusa del mundo. ¡Guau!

***FOTOS:** montaña rusa de Eejanaika (arriba); atracciones en el parque Hanayashiki (pág. siguiente, arriba); osito de peluche Duffy (pág. siguiente, abajo).*

EL MÁS ANTIGUO

El parque de atracciones de **Hanayashiki,** en Asakusa, Tokio, es el parque temático más antiguo del país. Pero, ojo, en este caso, antiguo no significa pasado de moda. Ahí hay diversión para todos, desde barcas en forma de cisne hasta juegos de lanzamiento de aros, pasando por niños que muestran sus habilidades con una espada samurái (no son de verdad, no te preocupes). Sin olvidar la montaña rusa más antigua de Japón aún en uso que alcanza una velocidad de 42 km/h y alturas de hasta 11 m.

Hay un personaje de Disney japonés que no encontrarás en ningún otro lugar del mundo: Duffy es el osito de peluche de Mickey, y en el parque todos lo adoran.

POR TIERRA Y MAR

Tokyo Disneyland lleva encantando a los visitantes desde 1983, cuando se convirtió en el primer parque Disney inaugurado fuera de EE UU. Seguro que no te pierdes el castillo de Cenicienta, en pleno centro del parque, pero busca también las siete zonas temáticas que lo rodean. Entre las atracciones más destacadas están Monsters, Inc. Ride & Go Seek! y Splash Mountain (pero prepárate a mojarte). En **Tokyo DisneySea,** visita Mermaid Lagoon para explorar el mundo submarino de Ariel. Cuando cae la noche, el espectáculo acuático nocturno es fascinante.

DÍA DE LOS NIÑOS

BANDERAS DE CARPAS

Cada 5 de mayo, los niños japoneses celebran el **Kodomo no hi,** el Día de los Niños. Es una jornada llena de diversión que celebra y promueve la felicidad infantil, y las decoraciones seguro que te hacen sonreír. Las *koinobori* (banderas con forma de carpa) ondean en el exterior de los edificios para traer buena suerte a los niños que hay dentro. En el Día de los Niños, en la Torre de Tokio hay 333 de estas serpentinas (la torre mide 333 m) y 1500 en **Solamachi Square.**

OLIMPIADAS INFANTILES

¿Podrías ser olímpico? Para averiguarlo, prueba suerte en el Día de los Niños, cuando miles de chavales compiten en las Olimpiadas Infantiles en el estadio nacional **Kasumigaoka** de Tokio. Se hace hincapié en las pruebas por equipos, así que únete al equipo japonés y ayúdalo a conseguir el oro en pruebas como el relevo de la antorcha y las carreras de padres e hijos. Para reponer fuerzas, después del evento se sirve un pícnic.

FOTOS: banderas de carpas (arriba); el estadio nacional de Japón (izda.); Mobility Resort Motegi (pág. siguiente, arriba); un mochi kashiwa decorado con una koi (pág. siguiente, abajo).

JUEGOS DE AVENTURAS

Por supuesto, ¡en el Día de los Niños también se juega! Visita el **Mobility Resort Motegi,** situado en un precioso bosque, donde encontrarás la diversión en tirolinas, karts y circuitos de obstáculos. Luego, intenta no perderte en el laberinto 3D de cinco pisos: está diseñado para parecerse a las diferentes capas de un bosque, con obstáculos por los que trepar junto a imágenes de animales, insectos y plantas gigantes.

Y DE POSTRE...

No te sorprenderá saber que hay un dulce especial asociado al Día de los Niños: un *mochi kashiwa.* El *mochi* es un pastelito de arroz pegajoso, y este en concreto está relleno de pasta dulce de judías rojas. Luego se envuelve en una hoja de roble decorativa, que simboliza la riqueza y el éxito para las familias. ¿Te puedes creer que está riquísimo?

En japonés, carpa es *koi,* y este pez es símbolo de fuerza y coraje. ¿Por qué? ¡Porque pueden nadar a contracorriente!

¡VAYA VISTAS!

FOTO: la puerta torii de color rojo vivo del santuario Itsukushima, en la isla de Miyajima, parece flotar sobre el agua con la marea alta.

EL MÍTICO MONTE FUJI

Puedes casarte en la cima del monte Fuji, pero ¡que no se te caigan los anillos montaña abajo!

El monte Fuji es conocido allí como Fujisan. Es todo un símbolo del país, y es fácil entender por qué la imagen de la montaña aparece en obras de arte, recuerdos e incluso algunos de los billetes del país. Pero el Fuji es más que una montaña... ¡también es un volcán! Aunque no ha entrado en erupción desde 1707, sigue considerándose activo. El cono perfecto del estratovolcán se ha formado a medida que las capas de lava y cenizas se han depositado a su alrededor después de cada erupción. De hecho, se trata de una combinación de tres volcanes, que con el tiempo terminaron fusionándose. Si viajas a la región de los **Cinco Lagos,** en la base norte del Fuji, obtendrás la mejor foto, y en invierno, si el tiempo es claro, te recompensará con vistas de su cumbre nevada.

FOTO: monte Fuji o Fujisan, como lo llaman los lugareños.

La princesa de las flores

Se cree que el monte Fuji es el hogar de Konohanasakuya-hime, una diosa sintoísta, o kami. Es un espíritu asociado con los volcanes y las flores del cerezo, y se construyeron santuarios en su honor en la montaña para que impida que el monte Fuji entre de nuevo en erupción. Durante siglos, la gente ha ascendido los 3776 m hasta la cima del monte Fuji para obtener la bendición de esta diosa de la naturaleza.

CURIOSIDADES

PUERTAS FLOTANTES

En Japón da igual dónde estés: es probable que no tardes mucho en ver un *torii* de color rojo. Estas puertas representan la transición del mundo humano al reino espiritual, y se encuentran en el exterior de santuarios de la religión sintoísta. Uno de los más emblemáticos flota sobre el agua frente al **santuario de Itsukushima,** en la isla de Miyajima. Contemplar este *torii* rodeado por el agua mientras sube la marea es una imagen verdaderamente especial. Aunque en este lugar ha habido una puerta durante casi 900 años, este en particular es de 1875.

CIERVOS MUY MONOS

Las personas no son los únicos visitantes a los que les encanta la isla de Miyajima: también verás muchos ciervos sika, con su pelaje marrón rojizo y manchas blancas en verano. Se consideran animales sagrados en Japón, y en la antigüedad se les veneraba por ser mensajeros de los dioses. Hoy en día está prohibido dar de comer a los ciervos de la isla, para garantizar que sigan siendo animales salvajes.

***FOTOS:** torii flotante de Miyajima (arriba); un ciervo sika (izda.); monumento de la Paz de Hiroshima (Cúpula Genbaku) (pág. siguiente, arriba); una grulla de papel en el monumento a la Paz de los Niños, en Hiroshima (pág. siguiente, abajo).*

SÍMBOLO DE LA PAZ

Tras contemplar la preciosa puerta flotante, es necesario dedicar tiempo a otro tipo de visita. Tal vez hayas oído hablar de **Hiroshima,** no muy lejos de allí. El 6 de agosto de 1945, al final de la II Guerra Mundial, lanzaron sobre la ciudad una bomba atómica. La Cúpula Genbaku fue una de las pocas estructuras que quedaron en pie tras la bomba y se ha conservado cuidadosamente para convertirla en el **monumento de la Paz de Hiroshima.** Hoy es un símbolo de la paz mundial.

Cada año, se colocan 10 millones de grullas de papel alrededor del monumento a la Paz de los Niños hechas por gente de todo el mundo. ¡Envía la tuya por correo!

GRULLAS DE PAPEL

Por todo Hiroshima verás grullas de papel de vivos colores. Una niña llamada Sadako Sasaki inició la tradición de crearlas con la esperanza de recuperarse cuando enfermó a causa de la bomba atómica. Hoy en día, los niños las doblan para desear la paz en honor de Sadako. Están colocadas alrededor del **monumento a la Paz de los Niños de Hiroshima,** donde se alza una estatua de Sadako.

¡A LAS ISLAS!

MUCHO QUE VER

Viaja hasta el **Parque Nacional Iriomote-Ishigaki,** en la remota isla de Iriomote, para recorrer en kayak el manglar más grande de Japón, donde alucinarás con las vistas de la selva. Luego sube hasta lo alto de las **cataratas Pinaisara** para más paisajes espectaculares. Presta atención por si ves al misterioso gato de Iriomote; se cree que solo quedan 100 en la isla. Después de tanta aventura, come un poco de piña para refrescarte: ¡la variedad de la isla es dulce y suave!

Durante unos pocos meses al año, grandes bancos de tiburones martillo nadan frente a las costas de la **isla de Yonaguni** en busca de comida. ¡Por suerte, los humanos no les interesan!

BARULLO DE MANTAS

Durante los meses de verano, es impresionante bucear en la **bahía de Kabira,** en la isla de Ishigaki, adonde acuden muchas mantarrayas para alimentarse de plancton. Hay una población aproximada de 300, y cuando nadan juntas se conoce popularmente como "barullo de mantas". Si no te mueves, se deslizarán tranquilas a tu alrededor. Fíjate en los pequeños peces lábridos que nadan en torno a las agallas de las mantarrayas; ¡son como pequeñas aspiradoras, limpiando pieles muertas y parásitos!

CONSERVACIÓN DEL CORAL

Las islas del sur están rodeadas de arrecifes de coral, por lo que bucear allí es un regalo para la vista. Pero el aumento de la temperatura del agua está provocando el blanqueamiento del coral, por lo que ahora es prioritario tomar medidas para conservarlo. En la organización **Okinawa Diving Service Lagoon** te enseñarán todo lo que hay que saber sobre la ciencia del coral y cómo proteger los arrecifes, y puedes dejar huella adoptando un trocito de coral (¡que se quedará allí, claro!).

Datos básicos

Islas en total: **14 125**

Islas habitadas: **430**

Isla más antigua: **la isla de Awaji, que, según la mitología japonesa, fue creada por los dioses Izanami e Izanagi**

LAS GALÁPAGOS DE JAPÓN

El **Parque Nacional de Ogasawara** está formado por un grupo de más de 30 islas tapizadas de bosques subtropicales y habitadas por una fauna excepcional. La única forma de llegar a estas islas es con un viaje en ferri de 24 h desde Tokio. ¡Pero vale la pena! Allí los animales han vivido lejos de la influencia del ser humano durante siglos. Algunos poco comunes son el zorro volador de las islas Bonin, la paloma japonesa o la tortuga verde.

***FOTOS:** cataratas Pinaisara (pág. anterior, arriba); una mantarraya en la bahía de Kabira (pág. anterior, abajo); buceo entre peces damisela (arriba); un zorro volador de las islas Bonin (dcha.).*

¡DICHOSOS LOS OJOS!

Datos básicos

Altura del cartel en 3D: **8,1 m**

Ancho del cartel en 3D: **18,9 m**

Fecha del encendido: **2021**

Nombre del gato 3D: **'Natsuko'**

ANIMALES ANIMADOS

En **Shinjuku** no te olvides de mirar hacia arriba. El primer cartel publicitario en 3D de Tokio te dejará con la boca abierta. En él aparece un precioso gato gigante que se despierta, da un bostezo y menea la cola por lo que parece la cornisa de un edificio. Y este gato en 3D también tiene amigos. Busca por **Shibuya** el cachorro gigante de perro akita y el tierno oso panda, otras animaciones increíblemente realistas.

***FOTOS:** el gato Natsuko (arriba); de compras en Shinjuku (pág. siguiente, arriba); Godzilla en Shinjuku (pág. siguiente, abajo).*

LUCES... ¡Y ACCIÓN!

En el centro de Tokio hay panorámicas que deslumbran. Tal vez no sean naturales, y tal vez no sean tradicionales, pero las brillantes luces de neón de la ciudad ¡desde luego son famosas! Como cada día pasa tantísima gente por las calles, los carteles publicitarios son una forma estupenda de anunciarse. El primero apareció allá por 1926 para anunciar un comercio llamado Tokyo Pan Bakery. Hoy en día, todos compiten por llamar la atención del viandante. La publicidad se ha convertido en una forma de arte y entretenimiento en Tokio. ¡A ver si tus ojos pueden con todo!

¿REALIDAD O FICCIÓN?

La fuerza de la naturaleza más temida de Japón, un gigantesco reptil llamado Godzilla, es desde hace años un personaje popular. Pero, si sales de la **estación de trenes de Shinjuku** en dirección este, tal vez oigas unos rugidos que sin duda *parecen* reales. A medida que te acerques, puede que veas elevarse una nube de vapor y gente que se congrega alrededor. ¿La ficción ha pasado a ser realidad? Por suerte, esa enorme cabeza de Godzilla de 12 m de altura que se asoma por encima de un rascacielos... no está viva, aunque lo parezca. Lo verás más de cerca desde la cafetería situada en la octava planta del **Hotel Gracery.**

JAPÓN EN COLOR

Datos básicos

Templos en Kioto:
1600

Santuarios en Kioto:
400 aprox.

Edificio más antiguo de Kioto: **pagoda de cinco niveles en el templo de Daigo-ji, del año 951**

VERDE BAMBÚ

Puede parecer sencillo en comparación con los templos y santuarios antiguos, pero uno de los lugares más fotografiados de Kioto es un bosque de bambú. Pero no se trata de un bambú cualquiera: miles de plantas conforman el mundialmente conocido **bosque de bambú de Arashiyama.** Con aproximadamente 500 m de largo y 152 m de ancho, te preguntarás por qué está aquí. El bambú se cultivaba originalmente como material para artesanía (como la cestería) y alimento, pues fresco se puede comer crudo, o a la barbacoa, o fermentado en un bol de ramen.

FOTOS: una mujer en el bosque de bambú (arriba); el jardín karesansui *en el Pabellón de Plata, en Kioto (pág. siguiente, arriba); el Pabellón de Oro, en Kioto (pág. siguiente, abajo).*

ARENA PLATEADA

El **Pabellón de Plata (Ginkaku-ji)** fue la villa de retiro de un sogún (un jefe militar) a quien le gustaban las artes. En vida del sogún Ashikaga Yoshimasa, en el s. XV, se popularizó el diseño de jardines. El precioso jardín de musgo y el jardín seco de arena que se encuentran en el recinto de la casa están abiertos al público. El "Mar de arena plateada" es un jardín seco de arena rastrillada, o *karesansui*, que tiene un gran cono de arena en el centro llamado "Plataforma para contemplar la luna". Está pensado para que el jardín sea aún más bonito cuando la luz de la luna lo ilumina.

La última gran reforma del Pabellón de Oro se realizó en 1987 y costó aprox. 700 millones de yenes (4 millones de euros).

LA EDAD DE ORO

En la ciudad de Kioto, descubrirás la ancestral belleza japonesa en cada esquina. Muchos de los edificios tienen hasta 1000 años de antigüedad y recuerdan a la época en la que Kioto era la capital de Japón. Uno de los más famosos, y desde luego el más glamuroso, es el **Kinkaku-ji,** o Pabellón de Oro. Las plantas segunda y tercera se recubrieron de pan de oro, ¡más de 20 kg, para ser exactos! Fíjate en el fénix dorado que corona el templo: simboliza el renacimiento, la renovación y la sabiduría.

¡A COMER!

FOTO: diversos platos de deliciosa comida japonesa.

AL (A)TUNTÚN

Datos básicos

Atún más grande vendido: **278 kg**

Tipo: **atún rojo de Oma**

Coste: **333,6 millones de yenes (2,7 millones de euros)**

EL PRIMER PESCADO

Vale la pena madrugar para asistir a la famosa subasta de atún a las 5.30 en el **mercado de pescado de Toyosu,** en Tokio. El atún es uno de los alimentos más apreciados en Japón, y el pescado es un ingrediente esencial de la dieta japonesa. Los pescaderos exponen la captura diaria en la sala de subastas de Toyosu, y los compradores de los mejores restaurantes inspeccionan los primeros pescados del día. La calidad la determinan el color, el contenido de grasa, el brillo y la textura de la carne; es un asunto que se toman muy en serio. Cuando suena la campana comienza la puja para llevarse lo mejor.

***FOTOS:** comprobando la calidad del atún congelado en el mercado de pescado de Toyosu (arriba); platitos de sushi en un restaurante con cinta transportadora (pág. siguiente, arriba); la combinación de pescado, arroz y algas es deliciosa (pág. siguiente, abajo).*

'SUSHI' PARA DESAYUNAR

Una vez que el atún se ha subastado, una buena parte llega directamente a los restaurantes de *sushi* cercanos al mercado. Entonces, los chefs llevan a cabo un arte que han practicado durante años, y cortan el atún con tres tipos de cuchillos. Desayunar *sushi* después de ver la subasta es imprescindible; ¡se deshace en la boca! Prueba un restaurante de sushi con cinta transportadora; los platitos te pasarán por delante de la mesa y podrás escoger los que más te gusten.

El "rey del atún", Kiyoshi Kimura, fue el comprador del atún más grande y caro en la primera subasta del mercado de pescado de 1999. ¡Es el dueño de una cadena de restaurantes de *sushi* y quiere lo mejor para sus clientes!

UNA SELECCIÓN DE 'SUSHI'

Hay varios tipos de *sushi*, y la mayoría combinan pescado crudo y arroz. *Sushi* significa en realidad "arroz avinagrado" y nació como una forma de conservar el pescado envolviéndolo en arroz blanco mezclado con vinagre. Los *maki* son rollitos del tamaño de un bocado de pescado crudo envuelto en arroz y algas; una versión más grande es el *temaki*, grandes hojas de alga a las que se da forma de cono, que envuelven arroz y deliciosos rellenos, como pescado crudo y verduras. El *sushi* se presenta de una forma muy agradable, ¡y sabe tan bien como parece!

FIDEOS A TUTIPLÉN

Momofuku Ando inventó en 1958 los fideos instantáneos con sabores, que cobran vida solo con añadirles agua caliente, ¡y ahora en Japón se consumen casi seis mil millones de raciones al año!

¡A SORBER!

Hervidos, fritos o servidos en un vaso de plástico, los fideos (o *noodles*) como los *ramen,* los *soba* y los *udon* están por doquier en Japón. Toma los palillos, pellizca unos cuantos y sórbelos con la boca. Cuanto más ruido hagas al sorber, mejor; es la forma aceptada de demostrar que te gusta este plato tan popular. En Japón adoran tanto los fideos que hay tres museos dedicados a ellos. Visita el más grande, el **CupNoodles Museum,** en Yokohama, donde podrás crear tu propio cuenco de fideos y luego hacer como si fueras un fideo en la zona de juegos decorada como una cocina.

***FOTOS:** el CupNoodles Museum (arriba); un cuenco de ramen (pág. siguiente, arriba); fideos puestos a secar al sol (pág. siguiente, abajo).*

AL RICO 'RAMEN'

¿Hay hambre? Visita la **Ramen Factory** de Kioto para elaborar a mano tu propio cuenco de *ramen* calentito y humeante. Amasa la harina de trigo y agua hasta obtener los fideos, y luego cuece el caldo; los sabores más populares son soja y *miso*. Por último, decide qué pondrás por encima y no te olvides de añadir un huevo. ¡Y a sorber!

ROMPIENDO RÉCORDS

A veces no pasa nada por jugar un poco con la comida, ¡sobre todo si se trata de batir un récord mundial Guinness! Hiroshi Kuroda, de Tokio, elaboró a mano el fideo de huevo más largo de la historia en el 2019. Alcanzó nada menos que 183,72 m de longitud. También en el 2019, en la ciudad de Maebashi, se cocinó una caja gigante de fideos instantáneos, 1500 veces el tamaño de una normal, y se sirvió a 579 comensales. Y en el 2023, en Taketa, Oita, tuvo lugar una carrera de fideos sin igual: deslizaron fideos *somen* por canaletas de bambú a lo largo de 4031,76 m. Después de deslizarse durante 90 min, los participantes capturaron los fideos con unos palillos, los mojaron en salsa ¡y se los comieron!

TENTEMPIÉS

¡LO QUE QUIERAS!

¿Te apetecen *dumplings* congelados? ¡Busca una máquina expendedora! ¿Quieres algo dulce o unas palomitas? ¿O un pastel en lata? En una máquina expendedora encontrarás justo lo que deseas. Incluso si quieres figuras de anime o el último manga. Por si aún no lo has deducido, en los casi 5,5 millones de máquinas expendedoras que hay en Japón puedes comprar casi cualquier cosa, desde grillos secos hasta camisetas en lata u ostras.

A TODAS HORAS

¿Cómo llamarías a un supermercado/cafetería/quiosco todo en uno? ¡Un *konbini,* claro! En prácticamente cada esquina de las grandes ciudades encontrarás una de estas tiendas multiservicio. Venden todos los básicos del día a día, te permiten pagar facturas o imprimir documentos, y también sirven comida caliente. Abren las 24 h del día, por lo que nunca pasarás hambre: sabrosas cajas *bento,* bolas de arroz rellenas *onigiri,* el delicioso pan dulce *melonpan...*

***FOTOS:** una máquina expendedora de té verde (arriba); una tienda* konbini *(izda.); latas de comida de colores (pág. siguiente, arriba); puesto de crepes en la calle Takeshita (pág. siguiente, abajo).*

DAME LA LATA

La comida enlatada puede que no suene de lo más apetecible, ¿verdad? Pero en un restaurante **Mr. Kanso,** descubrirás que lo enlatado también puede estar muy bien. Entra en una de las 40 sucursales que hay en el país y alucina con los estantes de suelo a techo llenos de comida en lata. Hay de todo, desde ternera estofada hasta pan o natillas. Elige lo que prefieras y el personal se encargará de calentarlo. En ocasiones una foto muestra lo que hay dentro; pero, si no, ¡dejarse sorprender por el contenido de la lata forma parte de la experiencia!

RESTAURANTES RADICALES

¿Cuándo un restaurante deja de ser meramente un restaurante? Cuando comer se convierte en toda una aventura. Los locales temáticos están por todas partes: prueba las **cafeterías Maidreamin,** donde las camareras se visten con trajes de estilo anime y los postres tienen forma de animalitos. Y en el restaurante **Yokozuna Tonkatsu Dosukoi Tanaka,** regentado por un luchador de sumo retirado, el personal son luchadores de sumo que se batirán contigo mientras esperas la comida. En Harajuku, los vendedores de crepes de la **calle Takeshita** compiten entre sí para atraer a la clientela con los ingredientes más vistosos.

ARTE COMESTIBLE

LA FOTO PERFECTA

La presentación de la comida en Japón es tan importante como el sabor. Y el *kaiseki* es el arte comestible por excelencia: se trata de una comida tradicional de varios platos que muestra lo mejor de la gastronomía japonesa. Los chefs intentan llevar a los clientes en un viaje de sabores de temporada a través de nueve platos, y cada uno se cuida al detalle y se presenta en bonitos recipientes.

Las sandías cuadradas se cultivan dentro de una caja para conseguir esa forma, y no son comestibles. ¡Se recogen antes de que maduren y solo sirven para decorar!

COMIDA VIRAL

No, no en el sentido de que tenga virus que te hagan enfermar, ¡sino viral en el sentido de famoso en todo el mundo! Gracias a internet y las redes sociales, muchos alimentos japoneses se han popularizado. Por todo el planeta hay niños que desean un *katsu sando* (un filete de cerdo empanado entre dos rebanadas de pan de leche) después del colegio, trabajadores que picotean paquetes de fideos crujientes (*noodles* secos que se fríen y condimentan) y gente que se da un homenaje y compra una sandía cuadrada como regalo decorativo.

***FOTOS:** una comida* kaiseki *(arriba); una sandía cuadrada (izda.); un trozo de* okonomiyaki *(pág. siguiente, arriba);* nattō *(pág. siguiente, abajo).*

UNA 'PIZZA-TORTITA'

Prueba la comida callejera más de moda en un restaurante de *okonomiyaki*, ¡donde podrás cocinar tu propia cena! Este tipo de comida es como un cruce entre una tortita salada y un buñuelo de verduras. Escoge la carne y las verduras, mézclalo todo con la masa que te darán y cocínalo en tu propia plancha caliente, llamada *teppan*. Cuando el *okonomiyaki* esté listo, echa por encima un tipo de salsa barbacoa y mayonesa japonesa y córtalo como si fuera una *pizza*.

El *fugu* (pez globo) es muy venenoso, pero si lo prepara con cuidado un cocinero experto, las toxinas se eliminan. Es arriesgado, ¡pero muy sabroso!

SOLO PARA VALIENTES

La cultura gastronómica de Japón tiene grandes éxitos, pero también otros alimentos más particulares a los que, bueno, cuesta acostumbrarse. Probablemente ya te habrás dado cuenta de que lo insólito y original es popular. Así pues, ¿por qué no pruebas comidas desconocidas? El *nattō* es soja fermentada. Huele bastante, y su textura es pegajosa y viscosa, por lo que no gusta a todos, pero es un superalimento muy saludable. Y, para picar, larvas de abeja y avispa; ¡es muy habitual acompañarlas de crujientes *inago* (saltamontes)!

LA HORA DEL TÉ

PASO A PASO

En Japón, el té no es solo una bebida. Por eso, tienes que visitar una casa de té tradicional. La ceremonia del té comienza en cuanto entras en la sala con tatamis. Arrodíllate, relájate y espera a que el anfitrión te indique dónde sentarte. Después de unas reverencias formales, te enseñarán los utensilios especiales para preparar el té antes de que el maestro los purifique. Durante la ceremonia, se bebe té verde *matcha* de la mejor calidad. Este polvo fino de color verde vivo se bate con agua caliente (no hirviendo) y se sirve en un cuenco pequeño sin asa. Para beberlo, el cuenco se sujeta con ambas manos. Esta experiencia activará tu gusto, olfato, tacto y vista.

El té verde es la bebida más popular de Japón, pero el sabor *matcha* también lo encontrarás en helados, chocolate, fideos *soba*...

Y PARA ACOMPAÑAR...

El té suele acompañarse de un pequeño dulce para equilibrar el paladar. Los dulces secos se llaman *higashi* y están hechos con harina de arroz glutinoso y sabores que varían según la temporada. Prueba el sabor (¡y la forma!) del de flor de cerezo en primavera o el de *yuzu,* un cítrico japonés, en otoño. Los dulces húmedos se llaman *omogashi* y, para elaborarlos, se suele rellenar una masa de harina y arroz en polvo con pasta de judías dulces. El *nerikiri* es un tipo popular de *omogashi;* estos pintorescos dulces suelen tener forma de frutas, animales o flores.

FOTOS:* *ceremonia del té (arriba); dulces* omogashi *(izda.).

TOKIO

ESTAURANT
3F
全店営業中
歌舞伎町牧場
Mo-Mo-Paradise
FACE
SHINJUKU
コミック&
新宿最大
直進30m
ハイジアB1
カラオケ
ビリヤード&ダーツ
シミュレーションゴルフ バグース
COPABOWL
まんが喫茶
地域最大!!
ゲーム
メンズサウナ
24H 年中無休
Pavilion
RESTAURANT
♪エノケン流れる
楽しいお店。♪
米兵衛
Hanbey
麻雀
劇場通り一番街
t. James

歌舞伎町名物
お好み焼本陣
2F
ラッキー
B1
まんが喫茶
無料案内所
東京豚骨
らーめん
DINING BAR
B1 80席
お好み焼
もんじゃ焼
まつ里亭
B1
劇場通り番街
路上でのキャッチ
見かけたら
GOOD
麻雀
カフェ
北の家族

DESDE LAS ALTURAS

TOCAR EL CIELO

¡Mira hacia arriba! Si estás cerca, seguro que ves el **Tokyo Skytree,** una torre de radiodifusión y observación que casi llega al cielo. Sus 634 m la convierten en la estructura más alta del país. Desde sus dos plataformas de observación se obtienen unas vistas espectaculares de la ciudad. La plataforma Tembo Deck está a 350 m de altura y también cuenta con un restaurante y una tienda. En ella pondrás a prueba tus nervios, pues tendrás que caminar sobre un suelo de cristal. Para llegar aún más alto, sube por la rampa inclinada hasta la Tembo Galleria, a una vertiginosa altura de 451,2 m. Si el día está despejado, se ve el monte Fuji.

Puedes hacerte una foto de recuerdo en la plataforma con suelo de cristal Tembo Deck del Skytree. Si tu visita coincide en el mes de tu cumpleaños, te la entregan en un marco especial.

LAS MEJORES VISTAS

Disfruta de las vistas de Tokio desde un autobús turístico, como el Sky Hop de dos pisos. Te llevará por los lugares más emblemáticos de la ciudad desde la comodidad de tu asiento; hay 19 paradas a lo largo de la ruta, y podrás subir y bajar todo lo que quieras para explorar las zonas más populares. Busca la **Torre de Tokio,** una torre de comunicaciones de color rojo y blanco que lleva ahí desde 1958. Si quieres estirar las piernas, sube sus 600 escalones al aire libre; como recompensa por el esfuerzo te darán un certificado.

***FOTOS:** el bullicio de las calles de Shibuya (doble pág. anterior); el Tokyo Skytree (arriba); un autobús turístico de techo abierto en Tokio (izda.).*

SUPERSHIBUYA

No te vayas de Tokio sin pasar un rato en Shibuya. Es una zona muy concurrida de la ciudad, donde la gente acude en masa a comer, comprar y divertirse. Por eso, no sorprende saber que las calles frente a la **estación de Shibuya** siempre están abarrotadas con gente que va de aquí para allá. De hecho, ver a miles de personas reunirse y cruzar en todas direcciones en la intersección principal de Shibuya, cada dos minutos, es muy impresionante. Este cruce tiene cinco pasos de peatones y se ha hecho tan famoso que ha salido en muchas películas y series de TV. Otro elemento curioso de Shibuya son sus muchos hoteles cápsula. Las habitaciones son pequeñas cápsulas en las que solo cabe una cama.

Datos básicos

Cruce abierto: **cada dos minutos**

Personas que cruzan cada vez: **2500**

Personas que cruzan cada día: **2,4 millones**

FOTO:* *el cruce de Shibuya.

El cariño de Hachikō

La popularidad de Shibuya se ha visto reforzada por la historia de Hachikō. Este leal perro de raza akita acudía a recibir a su dueño, Ueno, a la estación de Shibuya cada día cuando este salía de trabajar. En 1925, Ueno falleció repentinamente en el trabajo, pero Hachikō siguió yendo a Shibuya para recibirlo, ¡cada día durante nueve años! Hachikō se ha convertido en un símbolo de lealtad en todo el mundo, y mucha gente visita su estatua frente a la estación de Shibuya.

COMPRAS, COMPRAS...

PAPELERÍAS 'KAWAII'

Si estás en Tokio, no dejes de ir a una papelería. Hay algunas enormes, como **Tokyu Hands** y **Loft,** con varias plantas de bolígrafos, pegatinas, rollos de papel *washi* y cuadernos, y todo presentado muy bonito. Además, en las papelerías de Japón el *kawaii* es protagonista. La papelería **Itoya,** en el barrio de Ginza, ¡lleva abierta más de 100 años! Cuenta con un huerto interior vertical donde se cultivan las verduras que luego usan en la cafetería.

JUGUELANDIA

Haz una parada en **Kiddy Land,** en Harajuku, y antes de que te des cuenta se te habrá pasado el día entero. En esta tienda de cuatro plantas encontrarás los mejores juguetes de la ciudad, y no faltarán tus personajes favoritos. Las marcas japonesas, como el tierno y blandito Cinnamoroll, se codean con marcas estadounidenses como Marvel. Sin embargo, parece que el personaje predilecto de la tienda es Snoopy, y ¡todo el sótano está dedicado a él!

¡QUÉ RICO! O NO...

Si paseas por la calle **Kappabashi**, la "calle de la cocina", verás cantidad de tiendas que suministran utensilios de cocina, como platos, cuchillos y palillos, a los restaurantes de toda la ciudad. ¡Y también hay comida! Pero, espera... Si te fijas bien, ¡es toda de plástico! Estos platos tan realistas se llaman *sampuru* en japonés, y los restaurantes los exhiben para llamar la atención de los viandantes. Los artistas ponen mucho cuidado a la hora de crearlos para que parezca comida de verdad.

Un plato de comida de plástico suele valer más que el de verdad: un conjunto de *sushi* puede llegar a costar 71500 yenes (¡más de 400 euros!).

CON SORPRESA DENTRO

Muy populares en Japón, las *gachapon* son pequeñas cápsulas de plástico que contienen un juguete. Si quieres una, pon unas monedas en la máquina expendedora, gira la manivela de la parte delantera, escucha el sonido *gacha* que hace, y luego la bolita cae en la bandeja con un *¡pon!* ¿Lo pillas? *¡Gachapon!* El juguete en cuestión puede ser un personaje de tu anime o manga favorito, pero también hay máquinas con amuletos o animalitos de juguete. El objetivo del juego es coleccionarlos todos.

***FOTOS:** de compras en la papelería Itoya (pág. anterior, arriba); tienda Kiddy Land (pág. anterior, abajo); comida de plástico* sampuru *(arriba); máquinas* gachapon *(dcha.).*

MUSEOS MODERNOS

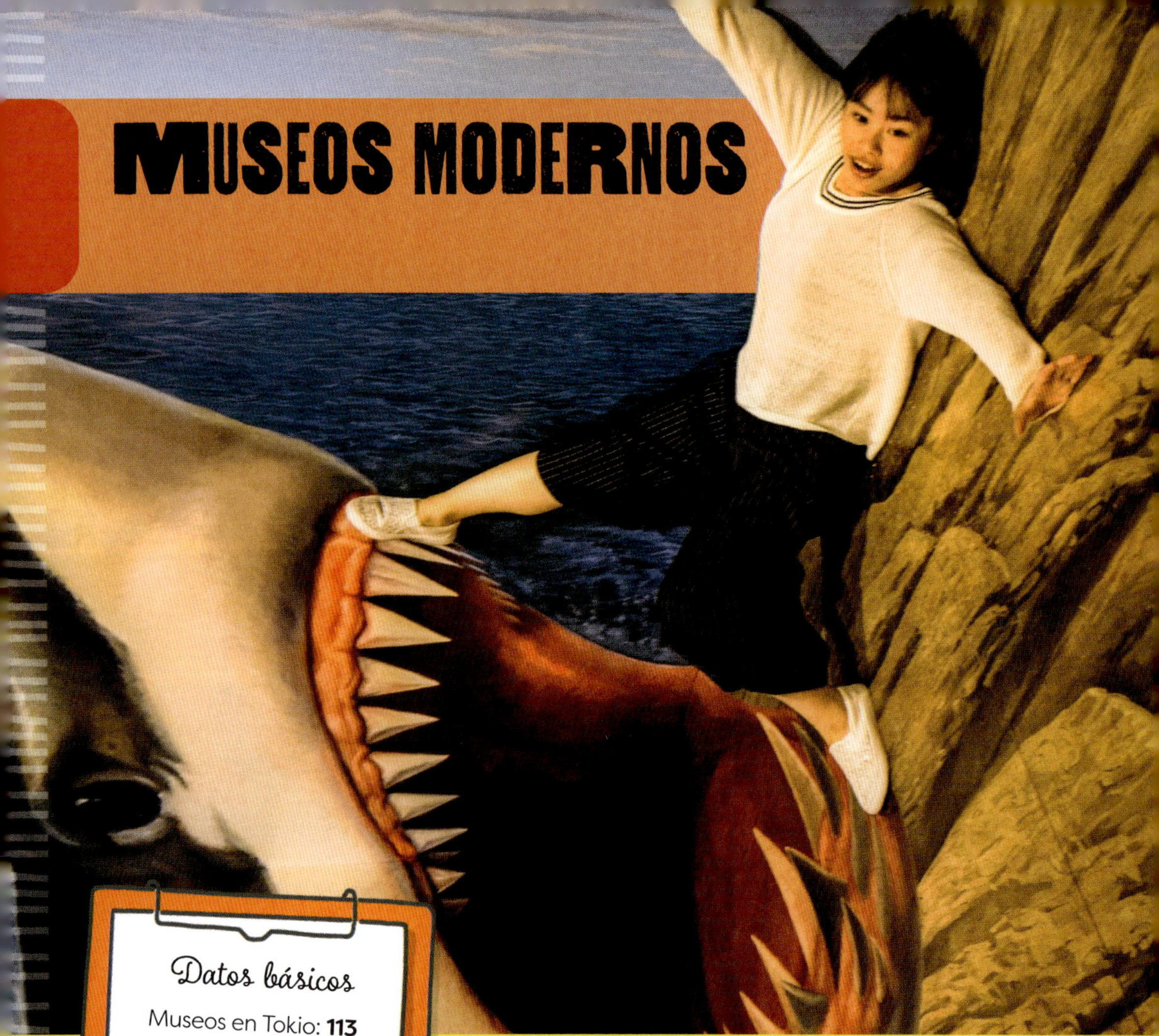

Datos básicos

Museos en Tokio: **113**

El más curioso:
Museo Unko, "el de la caca"

El más antiguo:
Museo Nacional de Tokio, inaugurado en 1872

EL ARTE DEL ENGAÑO

Prepárate para hacer unas fotos chulísimas en el **Trick Art Museum:** las obras de arte en 3D son como ilusiones ópticas. No darás crédito a lo que ves cuando parezca que se te lleva el viento o que desapareces entre las fauces de un tiburón gigante. ¿Es posible que ese retrato haya cobrado vida y te esté agarrando del jersey? ¿Y tu amigo se dirige hacia ti montado en un tigre? Lo pasarás genial con todos estos trucos y engaños.

***FOTOS:** el Trick Art Museum (arriba); juguetes japoneses de madera (pág. siguiente, arriba); una instalación de luces interactivas de teamLab (pág. siguiente, abajo).*

HORA DE JUGAR

Es hora de volver al colegio... pero este es un poco diferente. El **Museo del Juguete de Tokio** está ubicado en una escuela antigua y permite jugar con todos los juguetes que se exhiben en él. El museo cuenta con más de 10 000 objetos de todo el mundo, por lo que tendrás para escoger. Los voluntarios también te enseñarán juegos tradicionales japoneses, e incluso puedes ampliar la colección creando tu propio juguete.

teamLab también lleva el restaurante **MoonFlower Sagaya Ginza, Art by teamLab.** ¡Verás el arte en cada plato!

ARTE DE ÚLTIMA GENERACIÓN

Una imagen sin bordes, obras de arte que puedes tocar, imágenes que interactúan entre sí... El colectivo artístico internacional teamLab crea unas obras de arte únicas y las presenta de manera totalmente novedosa. En **teamLab Borderless: MORI Building DIGITAL ART MUSEUM** y **teamLab Planets TOKYO,** tú mismo influirás en el arte: toca los peces que nadan por la pared para que cambien de color, o ve saltando por las baldosas que se iluminan a tu paso. Luego, haz una parada en el **teamLab Borderless EN TEA HOUSE;** ¡tu té cobrará vida cuando unas flores digitales se abran en su interior!

LA ISLA DEL OCIO

Datos básicos

Inauguración del puente Rainbow: **1993**

Longitud: **798 m**

Color de las luces: **rosa, blanco y verde (con energía solar)**

UN PLAN FAMILIAR

Toma el autobús acuático desde el **muelle de Hinode** para llegar a la isla del ocio de Tokio. **Odaiba** es una isla artificial, que se creó en la década de 1850 para proteger Tokio de posibles ataques militares desde el mar. Hoy en día ofrece un ambiente relajado y atracciones para toda la familia, como **Joypolis, LEGOLAND®** y **Madame Tussauds.** Se ha convertido en un lugar tan popular que incluso una tal Libertad ha decidido quedarse: desde 1998 se alza una réplica de la Estatua de la Libertad de Nueva York. Cuando cae la noche, el puente Rainbow se ilumina y convierte el agua que hay debajo en un mar de colores.

***FOTOS:** estatua de la Libertad y puente Rainbow en la isla de Odaiba (arriba); cacas 'monas' en el Museo Unko (pág. siguiente, arriba); un robot en el museo de la ciencia de Miraikan (pág. siguiente, abajo).*

EL MUSEO MÁS ORIGINAL

En Odaiba se encuentran los entretenimientos más curiosos, como el **Museo Unko,** totalmente dedicado a los excrementos. Sí, incluso a la caca se le da un toque *kawaii* en Japón. Prepárate para abrazar unos peluches con forma de caca, siéntate en el inodoro de tus sueños y mira cómo un volcán entra en erupción con bolitas de caca. Lamentablemente, en el museo no hay aseos de verdad, por lo que tendrás que hacer tus "cositas" en otro lugar.

TECNOLOGÍA MODERNA

Dos de los museos más grandes y tecnológicamente avanzados de Tokio se encuentran en Odaiba. Visita **Miraikan,** el museo nacional de ciencia, donde aprenderás todo sobre los robots y cómo podría ser el futuro. En el **Museo de Miniaturas Small Worlds** puedes comprar una versión en miniatura de ti creada por un escáner 3D ¡y te la puedes llevar a casa! Si te registras para convertirte en residente del museo, tu "miniyo" también podrá residir en la exposición en miniatura del Small Worlds durante un año entero.

¡EMPIEZA EL ESPECTÁCULO!

EL GRAN HUEVO

Para ver un gran espectáculo de la mano de superestrellas, acude al **Tokyo Dome.** Artistas de primera como el grupo de J-pop AKB48 y Taylor Swift han actuado allí, y también es la sede del equipo de béisbol Yomiuri Giants. Las entradas para sus partidos casi siempre se agotan, ¡y eso que caben 46 000 aficionados! El estadio fue inaugurado en 1988 y tiene una gran cúpula blanca que le ha valido el sobrenombre de "el Gran Huevo". En 1996, un jugador golpeó la pelota tan alto que se coló por una junta de la cúpula. ¡Casi rompe el huevo!

***FOTOS:** la cúpula del Gran Huevo a vista de pájaro (arriba); artistas del Shinjuku Ninja Live Show (pág. siguiente, arriba); una marioneta en un espectáculo* bunraku *(pág. siguiente, abajo).*

VA DE NINJAS

Hay mucho secretismo y misterio en torno al mundo de los ninjas japoneses, que son en parte guerreros y en parte espías (ver pp. 88-89). Para adentrarte en su mundo, prueba a asistir al Shinjuku Ninja Live Show para ver una historia de ninjas rivales que luchan por una espada. Y no hablan, así que seguro que lo entiendes todo. Acrobacias, tambores, danza y música crean un ambiente espectacular. A la salida los artistas se hacen fotos con los fans.

La compañía teatral Shiki lleva a escena musicales de Broadway y clásicos de Disney en japonés. ¿No entiendes el idioma? ¡No hay problema! Puedes alquilar unas "gafas con subtítulos", en el idioma que elijas.

PURA TRADICIÓN

Si estás en Tokio, no te pierdas el espectáculo Zakuro Show: es un concierto de singulares sonidos japoneses. Los músicos tocan canciones tradicionales japonesas con una cítara *koto*, una flauta *shakuhachi* y tambores *taiko*. Después del espectáculo, puedes quedarte para recibir una clase y aprender a tocar un *koto* de 13 cuerdas. Otro espectáculo tradicional es el *bunraku*. Se trata de marionetas sin hilos; tres titiriteros mueven cada una de ellas y representan trágicas historias de amor, relatos de héroes legendarios y comedias históricas.

SOLO EN JAPÓN

FOTO: niños con el tradicional kimono en el festival Shichi-Go-San, que se celebra cada año el 15 de noviembre.

DEPORTES NACIONALES

Datos básicos

Duración de los combates: **de unos segundos a unos minutos**

'Rikishi' de mayor peso: **Ōrora Satoshi, con 292,6 kg**

Racha de victorias más larga: **84 torneos**

A LO SUMO

El singular deporte nacional de Japón se llama sumo, y disfrutarás de lo lindo si asistes a uno de los seis torneos que se celebran cada año. Los luchadores, llamados *rikishi,* se enfrentan en un *ring* circular, el *dohyō,* y el objetivo es empujar al oponente hasta que salga del *ring* o caiga al suelo. Lo importante es el tamaño, el peso y la fuerza, y los competidores solo llevan un taparrabos y un cinturón que impiden que se agarren de la ropa para obtener ventaja. El objetivo final es convertirse en el gran campeón: el *yokozuna.*

***FOTOS:** rikishi en el Gran Torneo de Sumo de Año Nuevo, en Tokio (arriba); judocas en los Juegos Olímpicos de Tokio 2020 (pág. siguiente, arriba); intentando derribar el poste en bo-taoshi (pág. siguiente, abajo).*

ARTES MARCIALES

Algunas artes marciales japonesas se desarrollaron para que los samuráis pudieran luchar cuando se quedaban temporalmente sin armas. El *jiu-jitsu* utiliza lucha, golpes y unas técnicas conocidas como agarres, y de ahí surgió el judo. El judo es ahora un deporte olímpico y paralímpico, y su nombre significa "camino de la suavidad". Puedes verlo en el **Kodokan** de Tokio, ¡el lugar donde nació este deporte! Y el *kendo,* o "el camino de la espada", es un arte marcial que enseña el manejo tradicional de la espada con espadas de bambú y armaduras.

'BO-TAOSHI'

Un deporte tradicional japonés bastante menos conocido es el *bo-taoshi.* Se juega entre dos equipos, y en cada uno hay nada menos que 75 jugadores. El nombre del juego significa "derribar el poste" y es una mezcla de rugbi, sumo, artes marciales y atrapa la bandera. Suele jugarse en los colegios y consiste en que un equipo protege un poste de 3,6 m y el otro intenta derribarlo. Las partidas solo duran un par de minutos y la más conocida tiene lugar solo una vez al año, en noviembre, en la **Academia Nacional de Defensa.** ¡Apúntate la fecha!

QUÉ MONO EL KIMONO

¡Los colores de un kimono tienen significado! El azul repele a los insectos y las serpientes, y el rojo simboliza la juventud y el glamur.

TAN JAPONÉS COMO EL KIMONO

El kimono, una prenda de vestir que han llevado tanto hombres como mujeres, jóvenes y mayores, en la actualidad o en tiempos antiguos, es un símbolo instantáneo de la cultura japonesa. El kimono en sí consta de una sola pieza de tela, normalmente seda, pero es el estampado lo que muestra la personalidad de quien lo lleva. Suele incluir imágenes de la naturaleza, y son habituales los patrones creados con flores, olas y montañas. Puede que también veas grullas, símbolo de longevidad y buena fortuna.

***FOTOS:** kimonos y obi (arriba); sandalias geta y calcetines de punta dividida (pág. siguiente, arriba); un kimono rojo a juego con las hojas rojas del otoño (pág. siguiente, abajo).*

CÓMO LLEVARLO

Para ponerte un kimono, enrolla el lado izquierdo por encima del derecho y sujétalo con una faja llamada *obi*. El color y el estampado del *obi* deben contrastar con el kimono. Si llevas un kimono más bien formal, es mejor optar por sandalias *zori* con correas de tela; para un estilo informal, prueba las sandalias *geta,* con plataforma de madera. El *yukata* es un kimono de algodón más informal que se lleva en verano o cuando se visita un *onsen.*

¡Qué ingeniosos son los *tabi,* los calcetines con la punta dividida. Son perfectos para llevar sandalias *zori* o *geta* sin pasar frío en los pies.

KIMONO POR UN DÍA

Comprar un kimono puede salir caro, pero hay muchos lugares en todo el país donde alquilan uno por un día. Las tiendas de alquiler también te ayudarán a vestirte, además de arreglarte el pelo con bonitas horquillas. La ciudad de **Kanazawa** es el lugar perfecto para pasear con ese bonito atuendo, puesto que se conservan muchas casas y templos históricos. También en Kanazawa está el **jardín Kenrokuen,** repleto de cerezos en flor, preciosos estanques y flores, considerado el jardín paisajístico más bonito de todo Japón.

EL MUSEO DEL SAMURÁI Y EL NINJA

SAMURÁIS Y NINJAS

Retrocede en el tiempo y sumérgete en un período de la historia japonesa en el que los sogunes ostentaban todo el poder. Los sogunes eran jefes militares, y controlaron el país entre 1185 y 1868. Se valieron de sus leales guerreros samuráis y sus espías ninjas secretos para mantener el control sobre el pueblo. Visita el **Museo del Samurái y el Ninja** en Kioto o Tokio para saberlo todo sobre ellos. Miyamoto Musashi, un samurái de principios del s. XVII, es uno de los más famosos.

EL CAMINO DEL GUERRERO

Los samuráis eran guerreros profesionales, diestros en el uso de la espada y expertos en artes marciales. Dedicaban su vida a este oficio y vivían según las reglas de Bushido, "el camino del guerrero", que definían su actitud, su comportamiento y su estilo de vida. El valor, el honor y la lealtad eran principios fundamentales. En el museo podrás visitar la casa de un samurái y tocar las impresionantes armaduras expuestas, hechas de cuero y hierro. Eran muy ligeras y flexibles, y simbolizaban el importante estatus de los samuráis. Los cascos podían llegar a ser muy elaborados, por ejemplo recubiertos de oro y con cuernos.

LANZA UNA ESTRELLA

A diferencia de los samuráis, los ninjas operaban al margen de las normas. Eran superespías y llevaban a cabo misiones secretas. Para cumplir las órdenes utilizaban tácticas poco convencionales, y las historias y mitos sobre ellos siguen siendo populares hoy. En el museo, prueba a acertar al blanco con una cerbatana ninja y aprende a tirar una estrella *shuriken* (¡con el permiso de un adulto, claro!). Los *shuriken* son pequeñas armas en forma de estrella que los ninjas ocultaban en una mano y solían usar como maniobra de distracción.

MANEJA UNA KATANA

Por suerte, las espadas del museo se guardan tras un cristal cerrado con llave, porque la espada de un samurái, o katana, es letal. Pero el personal te dejará posar con réplicas (¡que son seguras!) e incluso puedes recibir una clase. Aprende a portar, desenvainar y mover tu propia katana, o practica una *kata* tradicional (una serie de movimientos con la espada preestablecidos y muy controlados).

***FOTOS:** armaduras samurái auténticas del período Edo (pág. anterior, arriba y abajo); lanzamiento de estrellas ninja en el museo (arriba); instructores de katana (dcha.).*

ARTE EN PAPEL

El *kirigami* es una variante del origami en la que se permite realizar cortes. ¡Con una sola hoja de papel se pueden obtener flores en 3D, vestidos de gala y otras creaciones increíbles!

LOS ORÍGENES DEL ORIGAMI

Doblar, plegar y transformar una hoja de papel en un objeto 3D: ese es el ingenioso arte del origami. Esta sencilla pero eficaz manualidad tiene su origen en Japón, y nació a partir del papel que se usaba para envolver ofrendas a los dioses. Más tarde se convirtió en una forma bonita de envolver regalos. En el s. XIX, el origami se enseñaba en los colegios japoneses, y hoy es popular en todo el mundo. Puedes seguir una serie de diagramas para aprender a doblar el papel, o bien tomar una clase o visitar el **Museo del Origami de Tokio** para dominar los modelos más difíciles.

***FOTOS:** una grulla de origami (arriba); elaboración de papel* washi *con hojas y pétalos superpuestos (pág. siguiente, arriba); juego de piedra, papel o tijera (pág. siguiente, abajo).*

PRECIOSO 'WASHI'

El papel *washi* es un papel tradicional japonés elaborado a mano a partir de fibras de plantas. Es resistente pero flexible, además de impermeable. Se usa como papel de escribir, pero también en puertas correderas, lámparas e incluso cometas. Puedes crear tu propia hoja en una clase en la papelería **Ozu Washi** de Tokio, y decorarla con flores secas ¡e incluso pan de oro!

Durante el festival del Tanabata, en julio, verás decoraciones de papel por todas partes. Escribe un deseo en una tira de papel de colores y cuélgala de una rama de bambú. ¡Ojalá se cumpla!

PIEDRA, PAPEL O TIJERA

Seguro que te suena este popular juego tan universal que consiste en hacer la figura de una piedra, un papel o una tijera con la mano y ver si tu opción gana a la de tu oponente. La versión moderna de este juego tiene su origen en Japón, donde se llama *janken.* Antes de eso se jugaba a una versión similar llamada *mushi-ken,* en la que la rana (representada por el dedo pulgar) vence a la serpiente, la babosa (dedo meñique) vence a la rana y la serpiente (dedo índice) vence a la babosa.

RÉCORDS RELIGIOSOS

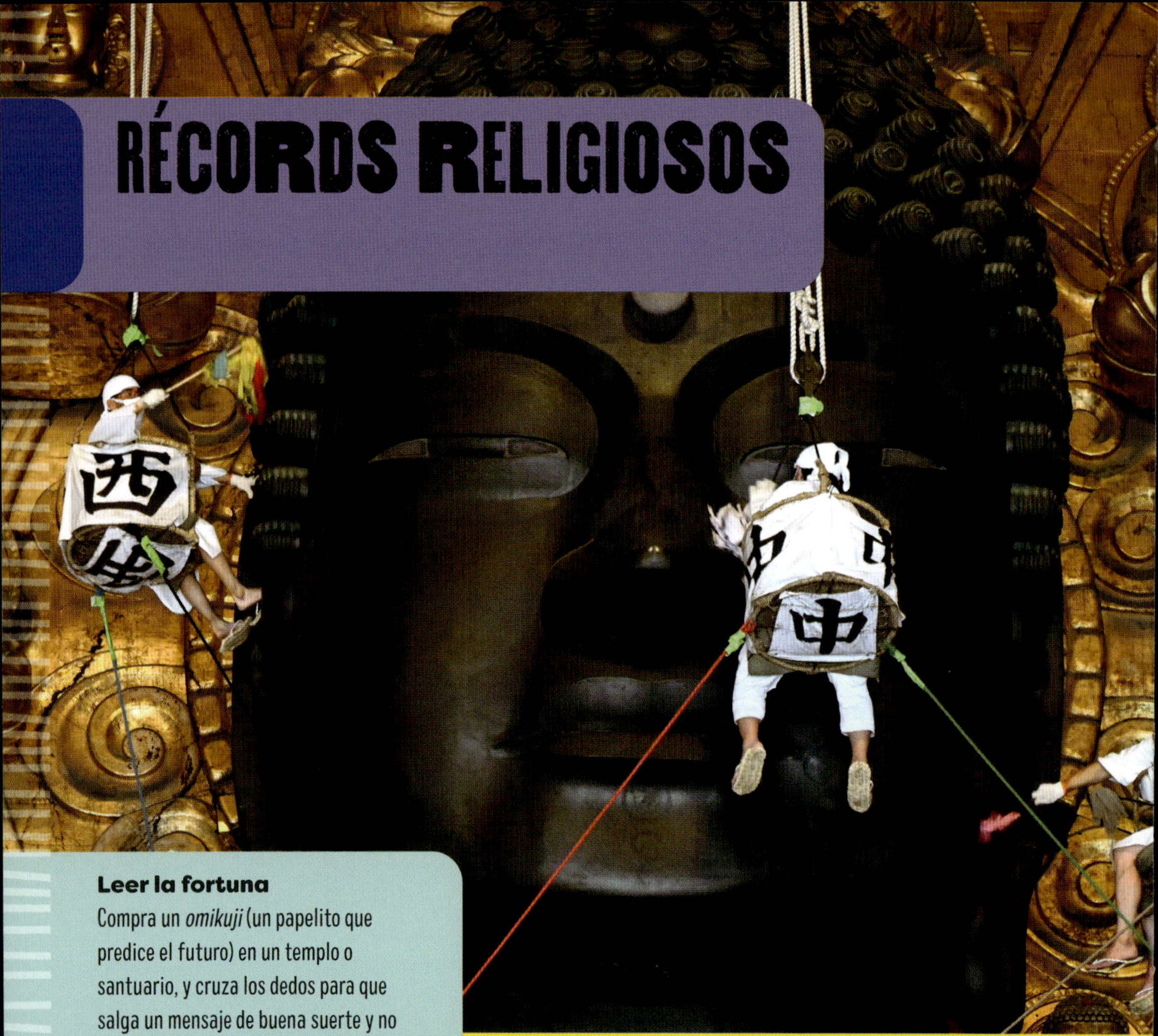

Leer la fortuna

Compra un *omikuji* (un papelito que predice el futuro) en un templo o santuario, y cruza los dedos para que salga un mensaje de buena suerte y no una advertencia. Si no obtienes una bendición, deja el *omikuji* en el templo atado a una rama para que la mala suerte no te siga a casa.

ENORME Y MAGNÍFICO

Las dos religiones principales de Japón son el budismo y el sintoísmo, y verás que hay enormes santuarios y templos por todo el país. Una de las reliquias religiosas más impresionantes es una enorme estatua de Buda elaborada en bronce y de 15 m de altura situada en la ciudad de Nara. El **Daibutsu,** como se conoce allí, se encuentra en el **templo de Todai-ji,** que ostentó durante un tiempo el récord del edificio de madera más grande del mundo. ¡La estatua de Buda está elaborada con 437 toneladas de bronce y 130 kg de oro!

***FOTOS:** tareas de limpieza del Gran Buda (arriba); algunas de las miles de puertas torii del santuario de Fushimi Inari-Taisha (pág. siguiente, arriba); la "Puerta del Trueno" en Sensō-ji (pág. siguiente, abajo).*

LAS MÁS GRANDES Y LARGAS

Las puertas *torii* marcan la entrada a un santuario sintoísta. Probablemente, el *torii* flotante de la **isla de Miyajima** es el más fotografiado de Japón. Aunque a lo mejor solo es porque en el templo **Fushimi Inari-Taish,** en Kioto, hay tantos *torii* que no caben todos en una sola foto. Allí hay miles de puertas rojas, que funcionan también como túneles que llevan al bosque y por rutas de senderismo. Se hacen donaciones para que haya aún más; para una puerta pequeña son a partir de 400 000 yenes (2300 euros aproximadamente), ¡pero la cifra se dispara a un millón para una puerta grande!

El *torii* más grande de Japón está en el **santuario sintoísta Kumano Hongū Taisha.** Mide 33,9 m de alto y 42 m de ancho.

EL MÁS ANTIGUO

El templo más antiguo de Tokio es el de **Sensō-ji,** en Asakusa. Se construyó en el año 645, ¡por lo que lleva en pie más de mil años! También es uno de los más populares y pintorescos, y está dedicado a Kannon, la diosa budista de la compasión. Antes de entrar en el templo se pasa por **Nakamise-dōri,** donde se puede comprar artesanía tradicional, y luego se cruza la "Puerta del Trueno" exterior, con una gigantesca linterna roja de 700 kg. También hay una pagoda de cinco niveles, la segunda más alta de todo el país con sus 53 m de altura.

EL LADO MÁS SALVAJE

FOTO: impresionantes águilas marinas de Steller.

MONOS DE LA NIEVE

PISCINAS PARA PRIMATES

Visita **Jigokudani,** en la isla central de Honshū, en invierno; la nieve cae silenciosa y, sin embargo, un vapor caliente se eleva del suelo. Los animales que viven allí deben tener un pelaje grueso para sobrevivir al invierno, pero como la región también cuenta con aguas termales naturales, una manada de inteligentes macacos japoneses se dio cuenta de que darse un baño caliente es una forma estupenda de combatir el frío. Que no te tiente darte un chapuzón: este baño japonés no está pensado para compartir.

¿Cuántos años dirías que tienen esos monos que están en el agua? Una pista: los más viejos suelen estar sentados y relajados, ¡y los jóvenes saltan dentro y fuera y se sumergen en el agua!

PASADOS POR AGUA

El **Parque de los Monos de la Nieve,** que forma parte del Parque Nacional de Joshin'etsukogen, se creó en 1964, cuando los lugareños decidieron dejar comida para los macacos para evitar que saquearan las granjas cercanas. A los monos no les suele gustar mucho el agua, por lo que no está muy claro si lo que les tentó del agua caliente de la zona fue poder escapar del frío o tal vez decidieron imitar a los humanos que se bañaban en las aguas termales. En cualquier caso, pueden verse en el agua casi todos los días en invierno, pero no en pleno verano.

***FOTOS:** los monos de la nieve tienen la cara roja (arriba); monos de la nieve relajados (izda.).*

¡INMERSIÓN!

Toma aire y prepárate para viajar a las profundidades del océano Pacífico... ¡sin mojarte! Eso será posible en el increíble **Acuario Kaiyukan de Osaka.** Este vanguardista edificio cuenta con 15 tanques principales en los que podrás ver los diferentes hábitats marinos del Pacífico. El tanque central es inmenso y alberga dos tiburones ballena, los peces más grandes del mundo. Baja por las rampas en espiral para observar la vida marina en todos los niveles: meros gigantes, mantarrayas, tiburones martillo... Y no te olvides de las criaturas que se camuflan en el fondo, como las rayas, escondidas bajo la arena.

Datos básicos

Número de animales: **30 000**

Especies en total: **620**

Tamaño del tanque principal: **9 m de profundidad, 34 m de anchura**

Tiburones ballena: **dos, llamados 'Kai' y 'Yu'**

FOTO:* *los tiburones ballena del acuario.

Después del cierre

Si quieres probar una experiencia totalmente diferente, acude al acuario de noche. Con música relajante de fondo, luces tenues y el suave movimiento del agua a tu alrededor, sentirás como si estuvieras en el fondo del mar. Algunas medusas a esa hora brillan con bioluminiscencia, y comprueba si detectas algún cambio en el comportamiento de los pingüinos y las focas mientras se preparan para la noche.

ANIMALES COMO ARTE

ANIMALES SIMBÓLICOS

Los animales juegan un papel importante en la mitología japonesa. Si miras a tu alrededor, verás criaturas populares en todo tipo de objetos, desde palillos hasta ropa, pegatinas o aperitivos. Las grullas y las tortugas representan una vida larga y saludable; en Japón hay un dicho según el cual las grullas viven 1000 años y las tortugas, 10 000. Seguro que también ves imágenes de carpas por todas partes. Suelen utilizarse como decoración y representan la fuerza y la perseverancia, debido a su capacidad para nadar río arriba. Y el *tanuki,* un perro mapache japonés, aparece en el mundo mitológico y en el virtual; de hecho, es un personaje de los juegos de *Super Mario.*

AMULETOS

En el **Art Aquarium** de Tokio podrás ver los preciados peces de colores. Estos animales son símbolo de buena suerte, y en este acuario disponen de unos tanques bastante impresionantes en los que nadar. Camina por un sendero entre tanques verticales e imagina que estás en un templo submarino. O contempla la cascada de peces de colores, con agua que fluye a través de tanques iluminados. Incluso hay un "Origamirium", en el que los animales disfrutan de arte origami, aunque ellos siguen siendo la mayor atracción.

Hay más de 120 variedades de carpas *koi*, y sus vivos colores e infinitos patrones vuelven locos a los coleccionistas. Hay variedades curiosas, como una blanca con una mancha roja en la cabeza o las de colores sólidos metálicos, como amarillo brillante.

MASCOTAS MUY PRECIADAS

En muchos templos de Japón verás carpas *koi* nadando en los estanques. Pero es en la ciudad de **Ojiya** donde se crían estos animales, y donde se puede aprender sobre la historia y la cultura de las *koi*. Gente de todo el mundo viaja hasta allí para ver y comprar estos peces, apodados "joyas vivas". Comprar carpas es un asunto serio: ¡una sola *koi* puede costar más de un millón de yenes (más de 6000 euros)! Pero vale la pena, ya que algunas viven más de 200 años.

FOTOS: una cabeza de dragón de madera en el templo Iwamoto-ji, en Kochi (pág. anterior); un pez de colores en el Art Aquarium (arriba); dando de comer a carpas* koi *(izda.).

¡VAMOS AL ZOO!

FAUNA DEL MUNDO

El zoo más emblemático de Japón, el **Zoológico de Ueno,** lleva abierto desde 1882 y hoy es el hogar de más de 3000 animales diferentes. Es el zoo más antiguo del país y se encuentra en una ubicación privilegiada en el parque Ueno, en el centro de Tokio. Muchos de los animales son autóctonos de Japón, como el oso negro japonés, pero también hay residentes de países de todo el mundo. No te pierdas la zona de Animales de África, los Árboles de los Gorilas y el Bosque de los Tigres. La conservación y la cría son prioridades para este zoo. Los habitantes más famosos son dos adorables pandas gigantes gemelos, Xiao Xiao y Lei Lei, que nacieron en el 2021.

ACARICIAR BICHOS

En el Jardín Oeste de Ueno hay un **zoo infantil** donde puedes acariciar cobayas, conejos, cabras y otros animales domésticos. Toma en brazos una cobaya blandita o un ratoncito, y pon a prueba tu valentía en la actividad "táctil" en la Casa de Reptiles y Anfibios. ¿Te atreverías a acariciar una serpiente o a tocar un lagarto? Ve un paso más allá y hazte una foto con ellos también.

FOTOS:* *panda gigante comiendo bambú en el zoo de Ueno (arriba); cobayas (izda.).

PARQUE NACIONAL DE SHIRETOKO

Datos básicos

Especies de animales en la tierra: **36**

Especies de animales en el agua: **22**

Especies de aves en el cielo: **285**

OSOS (NO TAN) AMOROSOS

Si quieres ver un oso pardo en libertad en Japón, este es el lugar. **Shiretoko** cuenta con una densa población de estos animales, y los indígenas de la zona, los ainus, los consideran espíritus protectores. A estos osos les encanta comer pescado, así que tal vez los veas chapoteando en las playas. Y mantén la distancia: son enormes —pueden alcanzar hasta 2,7 m de altura y 600 kg— y agresivos, así que mejor no acercarse demasiado.

***FOTOS:** un oso pardo captura un salmón en un río de Hokkaidō (arriba); un águila marina de Steller (pág. siguiente, arriba); una foca manchada (pág. siguiente, abajo).*

VISTAS DESDE EL MAR

Dirígete al norte, al extremo superior de **Hokkaidō,** la segunda isla más grande de Japón, para ver una impresionante fauna salvaje en un entorno natural virgen y espectacular. El **Parque Nacional de Shiretoko** se creó en 1964 y es una parte de Japón donde la tierra, el mar y los animales conviven en armonía. La primavera es una época ideal para hacer un crucero por la costa y ver orcas, ballenas *minke* y marsopas de Dall en torno a los restos de hielo que flotan en el agua. Si miras hacia el cielo, verás águilas marinas de Steller y pigargos comunes que van en busca de su próxima comida.

El agua de la **cascada de Furepe** no cae de un río, como en la mayoría. Es agua subterránea, que brota de los altísimos acantilados de la costa oeste de Shiretoko.

CAMINAR POR EL HIELO

Cuando tu barco se acerque de nuevo a la costa, mira bien por si ves focas manchadas, pues acuden al Parque Nacional de Shiretoko para reproducirse en el hielo flotante. Distinguirás las crías recién nacidas por su mullido pelaje blanco. Si te acompaña un guía experimentado, podrás caminar por las placas de hielo. Las focas se mantienen calientes gracias a su grasa, pero a ti te darán un "traje seco" ligero y muy cómodo para estar caliente y no mojarte en este hábitat tan fuera de lo común.

JAPÓN VERDE

FOTO: flores de cerezo, o sakura, bajo el castillo de Himeji.

AGUA CALIENTE

LOS BAÑOS DE BEPPU

En la ciudad de **Beppu,** en la isla de Kyūshū, hay cerca de 3000 fuentes termales naturales. El agua subterránea se calienta por la actividad volcánica que se produce bajo la superficie, y la ciudad la aprovecha redirigiendo el flujo a unos baños llamados *onsen.* Estos baños son espacios públicos donde puedes relajarte y sumergirte en las aguas cálidas y ricas en minerales. La ciudad de Beppu es el destino de *onsen* más famoso del país.

REMOLINOS GIGANTES

Si quieres vivir una experiencia acuática 'movida', súbete a un barco turístico desde **Naruto** hasta la isla de Shikoku y prepárate para el espectáculo. Cuando cambia la marea, el agua entra y sale a borbotones por el estrecho canal, creando remolinos de hasta 20 m de diámetro. Las mejores vistas se obtienen desde la cubierta superior del barco, aunque también podrías verlos desde los ventanales submarinos de la embarcación. Si prefieres mantener la distancia, tienes la pasarela que se adentra en el mar, con una sala de observación al final a 45 m sobre las aguas.

DUCHA CALIENTE

El agua caliente no solo burbujea desde las profundidades; en el Parque Nacional de Shiretoko, en Hokkaidō, también cae en forma de cascada. Para encontrar esta ducha caliente natural, hay que seguir aguas arriba el río Kamuiwakka, trepar sobre rocas y abrirse paso entre la vegetación del bosque. El agua de manantial fluye por el **monte Io,** un volcán activo, en cuatro lugares, y es esta mezcla de agua volcánica caliente y agua fría de río lo que crea una piscina templada y de lo más agradable en la base, donde puedes darte un chapuzón. En invierno la nieve impide llegar allí.

A remojo

En Japón hay muchos *onsen* ubicados en lugares increíbles, pero el Hottarakashi Onsen, con vistas a la llanura de Kofu y el monte Fuji, encabeza todas las listas. Los visitantes pueden llegar una hora antes del amanecer e irse después del atardecer para disfrutar de una panorámica de ensueño.

SIETE INFIERNOS

En los siete *jigoku* o "infiernos geotérmicos" de Beppu se encuentran unas aguas de otro mundo, en las que, desde luego, no puedes bañarte. Hay una piscina de agua azul hirviendo y un estanque caliente de un blanco lechoso que quedan genial en las fotos. El lago rojo sangre y el baño de barro burbujeante te dejarán con la boca abierta, y no te pierdas el géiser que suelta un chorro de agua hirviendo cada 30 minutos.

***FOTOS:** las fuentes termales naturales de Beppu (pág. anterior, arriba); los remolinos de Naruto bajo el puente de Ōnaruto (pág. anterior, abajo); la cascada de Kamuiwakka (arriba); un lago geotermal color rojo sangre en Beppu (dcha.).*

JUNGLA URBANA

Los bonsáis son árboles diminutos en una maceta; se cultivan con mucho cuidado para imitar árboles de tamaño real, y mimarlos y podarlos es un arte japonés muy apreciado. ¡Muy *kawaii*!

JARDÍN NACIONAL

Un tercio de todos los habitantes de Japón vive en el área urbana de Tokio, por lo que la ciudad está llena de hormigón. Pero, por suerte para los tokiotas, en el centro de la ciudad hay un espacio verde para todos: **Shinjuku Gyoen** es el jardín nacional del país, con grandes extensiones de hierba, tranquilos senderos y jardines de temática inglesa, francesa y japonesa. También hay un invernadero con plantas tropicales. A veces, se organizan eventos en los que el parque se ilumina por la noche, y podrás recorrer los jardines llevando tu propio farolillo.

***FOTOS:** primavera en el jardín Shinjuku Gyoen (arriba); fósil del cráneo de un Camarasaurus en el Museo Nacional de Naturaleza y Ciencia de Tokio (pág. siguiente, arriba); barcas en forma de cisne en el estanque Shinobazu, en el parque Ueno (pág. siguiente, abajo).*

VIAJAR EN EL TIEMPO

¿Excavar en busca de huesos de dinosaurio en el centro de una ciudad? No parece muy probable, pero en el **Museo Nacional de Naturaleza y Ciencia** encontrarás cientos de fósiles que te recordarán que dinosaurios como el *Fukuisaurus* vagaban por lo que hoy es jungla urbana. Y, contra todo pronóstico, puedes ver un "fósil" vivo en la ciudad: un ginkgo de 750 años que sigue creciendo en el **templo Azabusan Zenpukuji.**

Según el folclore, el *kappa* es una criatura acuática parecida a una tortuga a la que le gusta hacer travesuras, ¡como atrapar a los humanos que cruzan los puentes!

¡A REMAR!

¿Buscas aliviar el calor de Tokio un día de verano? En el **estanque Shinobazu,** en el parque Ueno, puedes alquilar una barca de remos o a pedales, o una con forma de cisne. Pero ten cuidado y vuelve a tierra firme antes de que anochezca; según la leyenda, cada noche dos dragones van a beber al estanque, los de la puerta Karamon del santuario Ueno Toshogu.

ÁRBOLES DE COLORES

ENTRE FLORES DE CEREZO

Dos veces al año, el país estalla en colores. En primavera florecen los cerezos y se cubren de flores en tonos pastel, o *sakura,* tan bonitas que hay festivales dedicados por entero a ellas. Los festivales *hanami* consisten en reunirse con amigos y familiares simplemente para disfrutar de la belleza de las flores. Prepara un pícnic y relájate bajo el dosel de pétalos rosas. En el **parque Hirosaki,** en el norte de Honshū, verás los cerezos más preciosos, y no te pierdas el lugar perfecto para tomar fotos, donde las ramas de dos árboles se juntan y forman un corazón.

Datos básicos

Cerezos en Japón:
alrededor de 1 millón

Pétalos en cada flor:
entre 5 y 100

Cerezo más antiguo:
el Jindai-Zakura, en Hokuto, tiene 2000 años

La selección nacional de rugbi de Japón se llama Flores de Cerezo.

TONOS OTOÑALES

Cuando llega el otoño, las hojas de los arces japoneses se vuelven rojas, naranjas, amarillas y marrones. La ciudad de **Nikko** y los bosques montañosos que la rodean son ideales para hacer fotos. Circular por la sinuosa carretera de **Irohazaka** depara unas vistas sin igual. En realidad son dos carreteras (una de subida y otra de bajada) con 48 curvas cerradas, y en la cima espera la **meseta de Akechidaira,** con unas vistas sobrecogedoras de los colores del valle a sus pies y dos cascadas.

***FOTOS:** flores de cerezo forman un corazón en Hirosaki (arriba); vistas desde el teleférico de Akechidaira (izda.).*

CAVERNAS OCULTAS

CUEVA DE PIEDRA CALIZA

Adéntrate 100 m bajo tierra para admirar el trabajo oculto de la naturaleza en la **cueva de Akiyoshido,** cerca de la ciudad de Mine. Con sus 10 km de longitud, es la caverna de piedra caliza más grande del país, y al recorrerla tendrás ante tus ojos un millón de años de historia. Estalagmitas gigantes, cascadas subterráneas... todo se crea simplemente por la acción del agua que fluye sobre las rocas. Prueba el "sendero de la aventura", una escalada resbaladiza que culmina con la mejor vista de la cueva.

Datos básicos

Creación de la cueva de hielo: **por la erupción del monte Fuji (año 864)**

Profundidad de la cueva: **21 m**

Temperatura de la cueva: **3 °C de media**

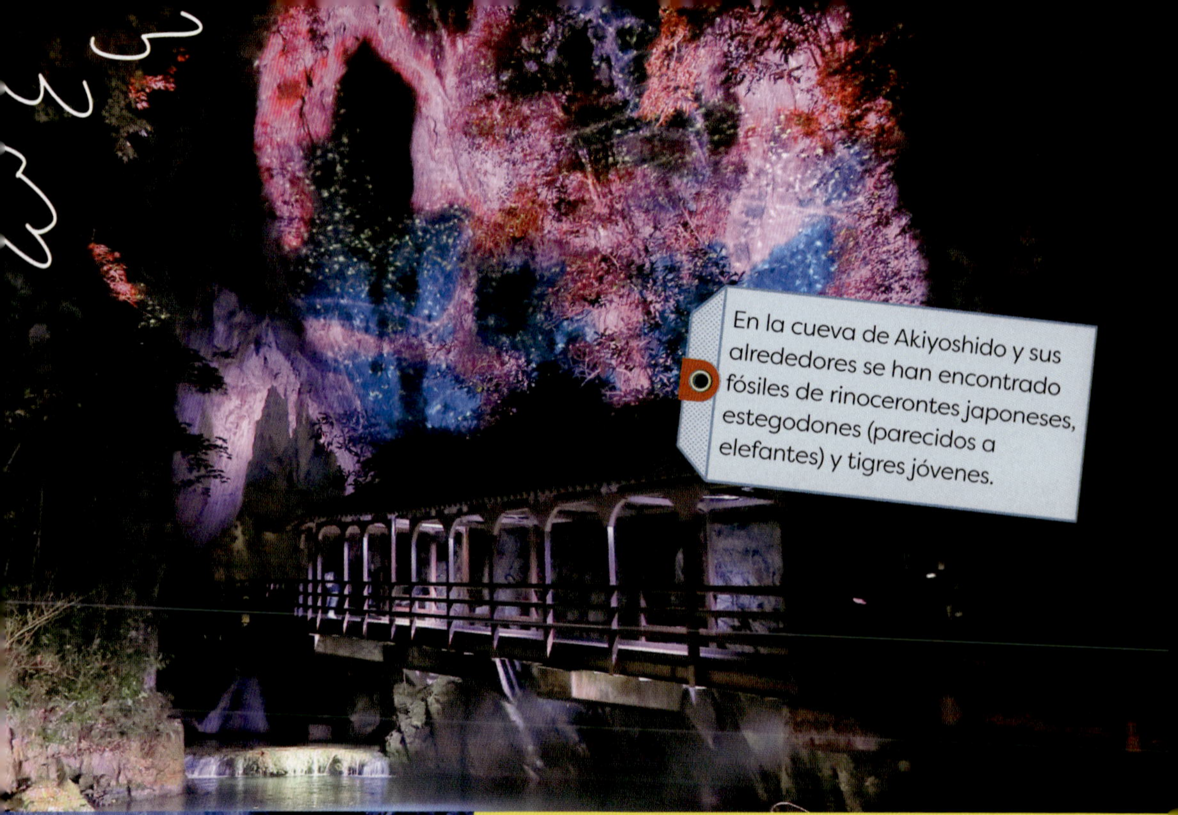

En la cueva de Akiyoshido y sus alrededores se han encontrado fósiles de rinocerontes japoneses, estegodones (parecidos a elefantes) y tigres jóvenes.

CUEVA DE HIELO

En el **bosque de Aokigahara,** en la base del monte Fuji, hay una cueva un poco diferente. La **cueva de hielo de Narusawa** está llena de pilares de hielo como de otro mundo, algunos de más de 3 m de largo y 50 cm de diámetro. La cueva se formó a raíz de una erupción volcánica, pero al enfriarse rápidamente se creó todo este arte natural de hielo. De hecho, los lugareños la utilizaban como almacén antes de que se inventaran los congeladores. Entre tantos pilares es fácil perderse, pero por suerte hay senderos marcados con cinta que ayudan a salir.

Se dice que los bosques que hay encima de la cueva de hielo de Narusawa están habitados por *yurei*, ¡unos fantasmas!

FOTOS: luces en la cueva de Akiyoshido (arriba); pilares de hielo en la cueva de hielo de Narusawa (izda.).

EN LA GRANJA

BELLOS ARROZALES

Como Japón es un país tan montañoso, la tierra disponible para la agricultura suele ser rocosa, inclinada o de difícil acceso. Por suerte, hay un alimento que es fácil de cultivar en terrazas en este tipo de zonas: ¡el arroz! El cultivo principal del país crece en arrozales, que se inundan con agua a propósito. Desde las **terrazas de arroz de Hoshitoge,** en la ciudad de Niigata, hay unas vistas legendarias de las montañas. También son bonitos los reflejos de los colores del cielo en el agua de los arrozales.

En el **parque de atracciones Waku-Waku** de Mother Farm hay una noria de 30 m de altura y un laberinto en el que hay que responder preguntas sobre la granja para encontrar la salida.

Datos básicos

Arroz producido cada año en Japón:
7,1/7,3 millones de t

Arroz consumido:
50 kg por persona al año

MOTHER FARM

Los urbanitas que quieran conocer de cerca la vida rural tienen **Mother Farm** a unas horas del centro de Tokio, donde verán de forma práctica cómo es una granja. Recorre el recinto en el autobús del perro o del cerdito, y al bajar podrás dar de comer a las ovejas, acariciar a las alpacas y ver cómo los pastores y sus fieles perros pasean a 150 ovejas por el campo. Mira cómo los patos recorren un campo en una "carrera" y los cerditos superan una pista de obstáculos. También puedes ordeñar una vaca y recoger fruta y hacer mermelada allí mismo. En primavera florecen casi 3,5 millones de flores de colza, de un color amarillo vivo. ¡Impresionante!

***FOTOS:** terrazas de arroz de Hoshitoge (arriba); cabras en Mother Farm (izda.).*

SECRETOS DEL PAÍS

FOTO: ¡ver para creer! Esto no es Egipto... ¡pero en las dunas de Japón también puedes montar en camello!

SECRETOS DEL MAR

AVISTAR BALLENAS

La **isla de Zamami,** no muy lejos de Okinawa, es popular en los meses de invierno por la avistación de ballenas. Estos mamíferos marinos migran hasta esa zona para reproducirse y jugar en las tranquilas aguas. Para avistarlas, busca los chorros de agua que se elevan cuando las ballenas exhalan por sus espiráculos. También verás el agua blanca que se forma cuando golpean la superficie con sus colas y aletas. Con suerte, podrás verlas saltar.

Datos básicos

Peso de una ballena jorobada: **22 700-36 300 kg**

Longitud: **15-16 m**

Esperanza de vida: **80-90 años**

PLAYAS TROPICALES

¡Shh! En Japón hay un secreto bien guardado: cuenta con algunas de las playas más hermosas del mundo. Arena blanca, aguas turquesas, actividades acuáticas de primera, como esnórquel o submarinismo... el contraste perfecto a las megalópolis del país. ¿Quieres un trocito de paraíso solo para ti? Viaja hasta la **playa de Hatenohama,** donde solo hay arena y más arena. En este banco de arena de 7 km frente a la isla de **Kumejima,** en Okinawa, podrás relajarte con el chapoteo de las olas mientras ves hundirse el sol en el horizonte.

BUCEAR POR LOS ARRECIFES

Si buscas aventuras submarinas, la **isla de Yakushima** es de los mejores lugares del país para bucear. El arrecife de coral de sus aguas poco profundas es el hogar de tortugas verdes, y puedes nadar a su lado antes de que aniden en las playas de la isla. Toda la isla se toma muy en serio los esfuerzos de conservación de las tortugas verdes y de las bobas.

Busca el precioso gusano árbol de Navidad en las aguas de la isla de Yakushima. Son unos gusanos de vivos colores con apéndices parecidos a pelos en el cuerpo, lo que les da el aspecto de un abeto navideño.

¡OLA VA!

El panorama surfero de Japón era más bien pobre hasta que el país acogió en 2021 la primera competición olímpica de surf de la historia. Después de aquello, las olas de la **playa de Tsurigasaki,** en Chiba, se hicieron mundialmente famosas mientras los mejores deportistas de todo el mundo competían por una medalla. Ahora llegan a esta playa cerca de 600 000 surfistas al año, y puedes alquilar una tabla y tomar clases todo el año. Eso sí, evita la temporada de los tifones, ¡los fuertes vientos crean olas gigantes!

***FOTOS:** una ballena jorobada en pleno salto (pág. anterior, arriba); playa de Aharen, una de las preciosas playas de la prefectura de Okinawa (pág. anterior, abajo); un pez payaso en un arrecife (arriba); aprendiendo a surfear (dcha.).*

UN MAR DE ARENA

PASEAR EN CAMELLO

No, no es un espejismo: ¡se te está acercando un camello entre dunas de arena! Es una imagen que uno no se espera en Japón, pero la larga extensión de arena a las afueras de la ciudad de **Tottori,** en Honshū, lleva ahí miles de años. Las dunas se crean cuando la arena del río Sendai es arrastrada hacia el mar, y luego las mareas y el viento las devuelven a la tierra. Aunque los camellos desde luego no son nativos del país, sí que son muy apreciados. Puedes dar un paseo en tándem con un amigo para ver cómo estos impresionantes animales evitan hundirse en la arena gracias a sus patas anchas y planas.

Datos básicos

Extensión de las dunas de Tottori: **16 km**

Anchura: **2,4 km**

Altura: **50 m**

En el **Museo de la Arena de Tottori**, puedes probar chocolate de arena. Es crujiente, sabe a sésamo y la harina de soja espolvoreada ¡parece arena!

ARENA SIN FIN

En estas dunas puedes hacer mucho más que construir un castillo. Átate las botas a una tabla de arena y deslízate duna abajo, y luego deja que una ráfaga de viento te lleve mientras sobrevuelas la zona en parapente. Incluso puedes alquilar una bici especial y pedalear sobre la arena. Dirígete hacia el mar; tal vez veas que una fina capa de agua sobre la arena ha convertido la playa en un espejo durante la marea baja: ¡unos reflejos divertidos para coronar una experiencia increíble!

***FOTOS:** paseo en camello por las dunas de Tottori (arriba); descenso por las dunas con tabla (izda.).*

LA ISLA DEL ARTE

Datos básicos

Yayoi Kusama: **nacida en 1929**

Apodo: **Princesa de los Lunares**

Obra de arte más cara vendida: **10,5 millones de US$ por *Sin título (redes)*, creada en 1959**

UNA CALABAZA A LUNARES

La **isla de Naoshima** está dedicada al arte. Cuenta con varias galerías de arte, acoge festivales de arte e incluso la casa de baños local hace las veces de instalación de arte moderno. Pero su obra más famosa es la **escultura de una calabaza de Yayoi Kusama.** Es amarilla con lunares negros y se encuentra al final de un muelle con unas vistas perfectas del mar. Si te gusta, puedes jugar a buscar más topos, puesto que las obras de Kusama, famosas por incorporar lunares, están por todo el país.

CASAS DE ARTE

Cuando estés en la isla, visita la ciudad de Honmura para ver el **Art House Project.** En una serie de casas abandonadas, un templo y un santuario se exhibe arte moderno de artistas locales e internacionales. Intenta adivinar qué casas albergan las obras de arte; la mayoría de ellas están bien integradas en el barrio tradicional. Sin embargo, una vez dentro, sorprenderán unas luces LED de colores en un estanque y una réplica de la Estatua de la Libertad.

TU PROPIO ARTE

¿Por qué no crear tu propia obra de arte moderno utilizando tu cara como elemento principal? Busca las populares cabinas de fotos Purikura en todo el país. Hazte una foto y utiliza su *software* para editarla como prefieras. Purpurina, fondos animados, orejitas de animales o incluso una lluvia de corazones. ¡Seguro que obtienes una foto única y lista para enmarcar!

***FOTOS:** la costa de la isla de Naoshima (pág. anterior); arte en la isla de Naoshima (arriba); cabinas Purikura en Tokio (izda.).*

GRÁCILES 'GEISHAS'

PURA ELEGANCIA

Un halo de historia y elegancia rodea a las *geishas,* o *geiko,* como se conocen en Kioto. Son artistas tradicionales, expertas en las artes de la danza, la música y la hospitalidad. Las *geishas* aprenden durante años para poder ofrecer a sus invitados una experiencia cultural única, a menudo en torno a la ceremonia del té o una cena celebrada en un local llamado *ochaya.* Visita el **Museo de Arte Gion Kagai,** en Kioto, cuna de la cultura *geiko,* para conocer mejor lo referente a ella. También tendrás la oportunidad de ver dos bailes *kyomai*; las *geiko* practican cada día para aprender los elegantes movimientos.

Datos básicos

Número de *geishas* en Japón: **1000 aprox.**

Número de 'geiko' en Kioto: **160 aprox.**

Número de 'maiko' en Kioto: **70 aprox.**

Las *maiko* llevan unas sandalias de madera llamadas *geta* con plataformas de 15 cm. Durante el primer año de su formación, en las *geta* hay cascabeles para ayudar a las *maiko* a mantener el equilibrio.

AÑOS DE PRÁCTICA

Una *maiko* es una *geisha,* o *geiko,* en formación. Viven con las *geishas/geiko* en casas *okiya.* Mientras una *maiko* aprende sus artes, lleva ropa decorativa y elaborados adornos en el pelo como otra forma de llamar la atención. Utilizan flores de temporada para decorar el pelo, las fajas de la cintura alcanzan los 6 m de longitud y el adorno *pocchiri* que llevan por encima de la faja *obi* es de metal y piedras preciosas. Sin embargo, cuanta más experiencia adquiere una *geisha,* menos elementos decorativos requiere: su conversación y sus habilidades artísticas son las que la hacen destacar. En el Museo de Arte Gion Kagai puedes hacerte una foto con una *geiko* o una *maiko.*

FOTOS: ***dos maiko en un día lluvioso en Kioto (arriba); varias maiko con accesorios en el pelo (izda.).***

HORA DE DORMIR

Las almohadas tradicionales japonesas están rellenas de cáscaras de trigo sarraceno, que se amoldan a la forma de la cabeza y ofrecen el soporte perfecto.

REPOSAR EN UN 'RYOKAN'

Tras un ajetreado día explorando Japón, necesitarás un buen lugar para descansar. ¡Y dormir en el suelo es una tradición japonesa de eficacia más que demostrada! Alójate en un *ryokan*, un hotel tradicional, y verás que el suelo de tu habitación está cubierto con unas esteras tejidas llamadas tatami. Tal vez haya una mesa baja en el centro de la habitación, pero ¿y la cama? Dormirás en un futón, que es un colchón que se guarda enrollado en un armario hasta la noche, cuando el personal lo sacará para hacer la cama en el suelo. No te preocupes, dormirás como un tronco.

***FOTOS:** futón sobre un tatami en un ryokan de Yanagawa (arriba); cápsulas (pág. siguiente, arriba); un inodoro japonés (pág. siguiente, abajo).*

APROVECHAR EL ESPACIO

Lo contrario de un *ryokan* tradicional es el moderno hotel cápsula. Surgieron en Japón en la década de 1970, y son habitaciones de hotel económicas y que ahorran espacio para huéspedes que solo necesitan un lugar donde tumbarse y dormir. Las cápsulas solo suelen contener una cama y están apiladas en filas, a veces con solo una cortina en la parte delantera para mantener la privacidad. En el hotel cápsula **Millennials,** en Shibuya, podrás controlar las funciones de tu reducido espacio —luz, despertador y TV— con una *app.*

No olvides ponerte las zapatillas del baño; son unas especiales que solo se usan para ir al aseo. Muchas tienen dibujitos *kawaii:* tener los pies limpios nunca fue tan cuqui.

RETRETE A LA ÚLTIMA

A la hora de elegir alojamiento, probablemente los aseos no sea lo primero en lo que pienses. Por eso, ¡seguramente te sorprendas al ver un inodoro japonés de alta tecnología! Te dará la bienvenida con música y la tapa del retrete se levantará automáticamente. Cuando te sientes en el asiento calefactado, verás un panel de control con opciones de audio, así como las funciones de tipo bidé, que son... ¡como una ducha para tu trasero! Cuando hayas terminado, soltará una pulverización de fragancia y saldrás de ahí fresco como una rosa. De hecho, Japón ostenta el récord mundial Guinness al inodoro con más funciones, ¡10 en total!

ENCUENTRA LAS DIFERENCIAS

¡Es la hora del baño para estos macacos japoneses! ¿Puedes encontrar las cinco diferencias entre estas dos imágenes? La solución, en p. 140.

ENCUENTRA LAS DIFERENCIAS

¡Godzilla es un temible rival en la ficción! ¿Puedes encontrar las cinco diferencias entre estas dos imágenes? La solución, en p. 140.

12F
海の家
TORIKIZOKU
鳥貴族
山内農場
5F
カラオケ歌広場
カラオケ&
王が

ÍNDICE

A
Acuario Kaiyukan de Osaka 98-99, **98-99**
acuarios 98-99, **98-99,** 101, **101**
aguas termales **108,** 108-109, **109**
aguas termales de Beppu, isla de Kyūshū 108, **108,** 109, **109**
Akihabara, "barrio de la electrónica", Tokio **17,** 33, **33**
Alpes Japoneses **15,** 27, **27**
Ando, Momofuku 60
animales. *Véase* fauna
anime 34, **34,** 35, **35,** 63
arces japoneses **112-113,** 113
arrecifes de coral 51, **51,** 121, **121**
arroz 116-117, **116-117**
Art Aquarium, Tokio 101, **101**
Art House Project, Honmura 125, **125**
arte **64,** 64-65, **65,** 77, **77, 100,** 100-101, **101, 124,** 124-125, **125**
artes marciales 85, **85**
atún **58,** 58-59, **59**
autobús Sky Hop, Tokio **70-71,** 71
autobuses, Tokio **70-71,** 71
avistar ballenas 105, 120, **120**

B
bahía de Kabira, isla de Ishigaki 50, **50**
ballenas jorobadas 120, **120**
bambú 27, **27,** 54, **54**
baños de bosque 27, **27**
barrio de Shibuya, Tokio **16,** 36, 52, **68-69,** 72-73, **72-73,** 129
barrio de Shinjuku, Tokio
  cartel publicitario en 3D 52, **52**
  estación de trenes 22, 53
  Godzilla **16,** 53, **53, 132-133, 140**
  jardín Shinjuku Gyoen, Tokio **16,** 110, **110**
  Shinjuku Ninja Live Show 81, **81**
béisbol **17,** 80, **80**
bo-taoshi (deporte) 85, **85**
bosque de bambú de Arashiyama, Kioto 27, 54, **54**
buceo con tubo 51, **51,** 121, **121**
bunraku (marionetas) 81, **81**

C
cabinas de fotos 125, **125**
cafeterías Maidreamin 63
carpas *(koi)* 42, **42,** 43, **43,** 100, 101, **101**
casas de baño, en ferris 25
cataratas Pinaisara, isla de Iriomote 50, **50**
ciervos 48, **48**
ciervos sika 48, **48**
comida 56-67. *Véase también* restaurantes
  arroz 116-117, **116-117**
  arte comestible **64,** 64-65, **65**
  atún **17,** 58, **58,** 59
  chocolate de arena 123
  comida 'adorable' **36**
  de compras **17,** 58, **58,** 59, 62, **62**
  dulces 43, **43, 66-67,** 67
  fideos 60-61, **60-61**
  insólitos 65, **65**
  kaiseki (comida de varios platos) 64, **64**
  máquinas expendedoras 62, **62**
  piña de la isla de Iriomote 50
  sampuru (comida de plástico) 75, **75**
  sushi 59, **59**
  té 66-67, **66-67,** 77
cosas monas (*kawaii*) **36,** 36-37, **37,** 74, 79, **79,** 129
cueva de Akiyoshido 114-115, **114-115**
cueva de hielo 114-115, **114-115**
cueva de hielo de Narusawa 114, **114-115**
cuevas 114-115, **114-115**
cultura de los videojuegos **17, 32,** 32-33, **33**
CupNoodles Museum, Yokohama 60, **60**

D
deportes
  artes marciales 85, **85**
  béisbol **17,** 80, **80**
  bo-taoshi 85, **85**
  esnórquel 51, **51,** 121, **121**
  esquí 28-29, **28-29**
  judo 85, **85**
  Juegos Olímpicos 21, 42, **42,** 85, **85,** 121
  Olimpiadas Infantiles 42, **42**
  rugbi 113
  senderismo **26,** 26-27, **27**
  snowboard 29, **29**
  sumo 63, 84, **84**
  surf 121, **121**
Día de los Niños **42,** 42-43, **43**
días festivos y festivales **42,** 42-43, **43, 82-83,** 91, 112
Disneyland, Tokio **17,** 41, **41**
dunas **118-119,** 122-123, **122-123**
dunas de Tottori 122-123, **122-123**

E
encuentra las diferencias **130-133,** 140
espectáculos de marionetas 81, **81**
esquí 28-29, **28-29**
estatua de Buda, Nara 92, **92**

F
fauna 94-105
Acuario Kaiyukan de Osaka 98-99, **98-99**
águilas marinas de Steller 94-95
arrecifes de coral 51, **51,** 121, **121**
avistar ballenas 105, 120, **120**
ciervo sika 48, **48**
como arte **100,** 100-101, **101**
gato de Iriomote 50
focas 105, **105**
focas manchadas 105, **105**
koi (carpa) 42, **42,** 43, **43,** 100, 101, **101**
mantarrayas 50, **50,** 98
monos de la nieve 96-97, **96-97, 130-131, 140**
monte Fuji 26
osos pardos 104, **104**
Parque Nacional de Ogasawara 51, **51**
Parque Nacional de Shiretoko **104,** 104-105, **105**
tiburones martillo 50, 98
Zoológico de Ueno, Tokio **17,** 102-103, **102-103**
ferris **24,** 24-25, **25,** 51
ferris tipo hidroplano 25, **25**
festival Shichi-Go-San **82-83**
festival Tanabata 91
festivales y días festivos **42,** 42-43, **43, 82-83,** 91, 112
fideos 60-61, **60-61**
flores de cerezo **12-13,** 13, **46-47,** 47, 87, **106-107,** 112, **112-113**
Fuji, monte 15, **15,** 26, **26,** 46-47, **46-47,** 114-115, **114-115**
Fushimi Inari-Taisha, Kioto 93, **93**

G
gachapon (cápsulas de plástico con un juguete dentro) 75, **75**
gatos 36, **36,** 52, **52**
geisha (*geiko*) 126-127, **126-127**
Ginkaku-ji (Pabellón de Plata), Kioto 55, **55**
Godzilla **16,** 53, **53, 132-133, 140**
gusano árbol de Navidad 121

H
Hachikō (perro akita) 73
Hello Kitty **33,** 37, **37**
Hokkaidō (isla) **15,** 20, 29, **29, 94-95, 104,** 104-105, **105,** 109, **109**
Honshū (isla). *Véase también* Kioto, Tokio
Alpes Japoneses **15,** 27, **27**
dunas de Tottori **118-119,** 122-123, **122-123**
flores de cerezo del parque Hirosaki 112, **112–113**
mapa **15**
monos de la nieve 96
trenes bala 20
hotel cápsula Millennials, Tokio 129
hoteles 53, 72, **128,** 128-129, **129**
hoteles cápsula 72, 129, **129**
Hottarakashi Onsen 109

I
inodoros 129, **129**
isla de Awaji 51
isla de Ishigaki 50, **50**
isla de Kyūshū 15, 20, 24, **24,** 108, **108,** 109, **109**
isla de Miyajima **44-45,** 48, **48,** 93
isla de Naoshima **124,** 124–125, **125**
isla de Odaiba, Tokio **17,** 32, **78,** 78-79, **79**
isla de Shikoku **15,** 108, **108**
isla de Yakushima 121, **121**
isla de Yonaguni 50
isla de Zamami 120, **120**

J
jardín Kenrokuen, Kanazawa 87
jardines. *Véase* parques y jardines
Jigokudani, Honshū 96

K
Kagoshima, Kyūshū 24, **24**
kaiseki (comida de varios platos) 64, **64**
Kappabashi, "calle de la cocina", Tokio **17,** 75, **75**
karaoke 38, **38-39**
kawaii (cosas monas) **36,** 36-37, **37,** 74, 79, **79,** 129
kimonos **82-83, 86,** 86-87, **87,** 126, 127
Kimura, el "rey del atún", Kiyoshi 59
Kioto
bosque de bambú de Arashiyama 27, 54, **54**
ciudad de Kioto 55, **55**
geiko (geishas) 126, **126-127**
Kinkaku-ji (Pabellón de Oro), Kioto 55, **55**
Museo de Arte Gion Kagai 126, 127
Museo del Samurái y el Ninja **88,** 88-89, **89**
Museo Internacional del Manga de Kioto 35, **35**
Pabellón de Plata (Ginkaku-ji) 55, **55**
Ramen Factory 61
Pabellón de Oro (Kinkaku-ji) 55, **55**
santuario de Fushimi Inari-Taisha 93, **93**
sobre el mapa **15**
Taiko Center **38-39,** 39
templo Adashino Nenbutsu-ji 27, **27**
kirigami 90
koi (carpa) 42, **42,** 43, **43,** 100, 101, **101**
Kuroda, Hiroshi 61
Kusama, Yayoi 124

L
LEGOLAND ®, Tokio 78

M
macacos 96-97, **96-97, 130-131, 140**
macacos japoneses 96-97, **96-97, 130-131, 140**
Madame Tussauds, Tokio 78
manga 35, **35**
mantarrayas 50, **50,** 98
mapas **14-17**
máquinas expendedoras 62, **62,** 75, **75**
mercado de pescado de Toyosu, Tokio **17,** 58, **58,** 59

meseta de Akechidaira **112-113,** 113
metro, Tokio **22,** 22-23, **23**
Mobility Resort Motegi **30-31,** 43, **43**
mochi 43, **43**
mochi kashiwa (dulce) 43, **43**
monos 96-97, **96-97, 130-131, 140**
monos de la nieve 96-97, **96-97, 130-131, 140**
monstruos de nieve (árboles helados) 28, **28**
Monumento a la Paz de los Niños de Hiroshima 49, **49**
Monumento de la Paz de Hiroshima 49, **49**
Mother Farm **116-117,** 117
museos
 CupNoodles Museum, Yokohama 60, **60**
 Miraikan, museo nacional de ciencia, Tokio 79, **79**
 Museo "de la caca" Unko, Tokio 79, **79**
 Museo de Arena de Tottori 123
 Museo de Arte Gion Kagai, Kioto 126, 127
 Museo de Miniaturas Small Worlds, Tokio 79
 Museo del Juguete de Tokio 77, **77**
 Museo del Samurái y el Ninja, Kioto o Tokio **88,** 88-89, **89**
 Museo del Origami de Tokio 90
 Museo Ghibli, Mitaka, Tokio 16, 34, **34**
 Museo Internacional del Manga de Kioto 35, **35**
 Museo Nacional de Naturaleza y Ciencia, Tokio 111, **111**
 Trick Art Museum, Tokio 76, **76**
música 38-39, **38-39,** 80, **80,** 81

N
Neco Republic (cafetería de gatos), Osaka 36
Niigata 116, **116-117**
ninjas 81, **81, 88,** 88-89, **89**

O
origami 49, 90, **90,** 101
osos **102-103,** 104, **104**
osos pardos 104, **104**
Okinawa **15,** 24, 51
Osaka **15,** 21, 32, **32,** 36, 98-99, **98-99**
Olimpiadas 21, 42, **42,** 85, **85,** 121

P
Pabellón de Oro (Kinkaku-ji), Kioto 55, **55**
Pabellón de Plata (Ginkaku-ji), Kioto 55, **55**
palabras en japonés 10
papel *washi* 91, **91**
papelería Ozu Washi, Tokio 91
parque Chidorigafuchi, Tokio **12-13**
parque de atracciones Hanayashiki, Tokio **17,** 41, **41**
parque de atracciones Joypolis, Tokio 32, 78
parque de atracciones Waku-Waku 116
parque Hirosaki, Honshū 112, **112-113**
Parque Nacional de Joshin'etsukogen 97
Parque Nacional de Ogasawara 51, **51**
Parque Nacional de Shiretoko **104,** 104-105, **105,** 109, **109**
Parque Nacional Iriomote-Ishigaki 50, **50**
parque temático Fuji-Q Highland 40, **40**
parque temático Sanrio Puroland, Tokio 37, **37**
parque Ueno, Tokio
 barcas en forma de cisne 111, **111**
 zoológico **17,** 102-103, **102-103**
parques de atracciones. *Véase* parques temáticos
parques temáticos
 Disneyland, Tokio **17,** 41, **41**
 Fuji-Q Highland 40, **40**
 Hanayashiki, Tokio **17,** 41, **41**
 Joypolis, Tokio 32, 78
 LEGOLAND ®, Tokio 78
 Mobility Resort Motegi **30-31,** 43, **43**
 parque de atracciones Waku-Waku 116
 Sanrio Puroland, Tokio 37, **37**
 Super Nintendo World, Osaka 32, **32**
parques y jardines
 arces japoneses **112-113,** 113
 flores de cerezo **12-13,** 13, **46-47,** 47, 87, **106-107,** 112, **112-113**
 jardín Kenrokuen, Kanazawa 87
 jardín Shinjuku Gyoen, Tokio 110, **110**
 Pabellón de Plata (Ginkaku-ji), Kioto 55, **55**
 Parque Nacional de Joshin'etsukogen 97
 Parque Nacional de Ogasawara 51, **51**
 Parque Nacional de Shiretoko **104,** 104-105, **105**
 Parque Nacional Iriomote-Ishigaki 50, **50**
 parque Ueno, Tokio 111, **111**
paseos en camello **118-119,** 122, **122**
perros 73
piedra, papel o tijera 91, **91**
placas tectónicas 14, **14**
playa de Hatenohama 120
playa de Tsurigasaki, Chiba 121
playas 24, 120, **120,** 121, **121**
Pokémon Center, Ikebukuro, Tokio 35, **35**
puertas *torii* **44-45,** 48, **48,** 93, **93**
Purikura, cabinas de fotos 125, **125**

R
Ramen Factory, Kioto 61
remolinos de Naruto, isla de Shikoku 108, **108**
remolinos, isla de Shikoku 108, **108**
restaurante Yokozuna Tonkatsu Dosukoi Tanaka, Tokio 63
restaurantes
 arte digital teamLab 77
 cafetería del Hotel Gracery, Tokio 53
 cafetería Pikachu Sweets, Tokio 35, **35**
 cafeterías de gatos 36, **36**
 cafeterías de personajes de videojuegos 33
 cafeterías temáticas 63, **63**
 Mr. Kanso (comida enlatada) 63, **63**
 okonomiyaki (cocina tu cena) 65, **65**
 restaurantes de *sushi* 59, **59**

restaurantes Mr. Kanso (comida enlatada) 63, **63**
restaurantes *okonomiyaki* (cocina tu cena) 65, **65**
rugbi 113
ryokan (hotel tradicional) 128, **128**

S
samuráis **88,** 88-89, **89**
sandalias *geta* 87, **87,** 127
santuario Itsukushima, isla de Miyajima **44-45,** 48, **48,** 93
santuario sintoísta Kumano Hongū Taisha 93
santuarios. *Véase* templos y santuarios
Sasaki, Sadako 49
senderismo **26,** 26-27, **27**
Shinkansen (trenes bala) **18-19,** 20-21, **20-21**
snowboard 29, **29**
sogunes 55, 88
sumo 63, 84, **84**
Super Nintendo World, Osaka 32, **32**
surf 121, **121**
sushi 59, **59**

T
Taiko Center, Kioto **38-39,** 39
tambores **38-39,** 39
té 66-67, **66-67,** 77
teamLab 77, **77**
templo Adashino Nenbutsu-ji, Kioto 27, **27**
templo Azabusan Zenpukuji, Tokio 111
templo de Todai-ji, Nara 92, **92**
templos y santuarios
 isla de Miyajima **44-45,** 48, **48**
 Kioto 27, **27,** 54, 55, **55,** 93, **93**
 Kochi **100**
 Nara 92, **92**
 puertas *torii* **44-45,** 48, **48,** 93, **93**
 Tokio 93, **93,** 111
terrazas de arroz de Hoshitoge 116, **116-117**
Tokio 16, 68-81
 Akihabara, "barrio de la electrónica" **17,** 33, **33**
 Art Aquarium 101, **101**
 arte digital teamLab 77, **77**
 autobús Sky Hop **70-71,** 71
 barrio de Shibuya **16,** 36, 52, **68-69,** 72-73, **72-73,** 129
 cabinas de fotos Purikura 125, **125**
 cafetería Pikachu Sweets 35, **35**
 carteles publicitarios y luces **8-9,** 52, **52,** 53, **53, 68-69,** 141, **141**
 datos sobre museos 76
 deportes 21, 42, **42, 84,** 84-85, **85**
 Día de los Niños 42, **42**
 Disneyland **17,** 41, **41**
 espectáculos **80,** 80-81, **81**
 ferris 25, 51
 Godzilla **16,** 53, **53, 132-133, 140**
 hotel cápsula Millennials 129
 isla de Odaiba **17, 78,** 78-79, **79**
 jardín Shinjuku Gyoen 110, **110**
 Joypolis 32, 78
 Kappabashi, "calle de la cocina" **17,** 75, **75**
 Kiddy Land (tienda de juguetes) 74, **74**
 LEGOLAND ® 78
 Madame Tussauds 78
 mapas **15, 16-17**
 metro **22,** 22-23, **23**
 Miraikan, museo nacional de ciencia 79, **79**
 Museo "de la caca" Unko 79, **79**
 Museo de Miniaturas Small Worlds 79
 Museo del Juguete de Tokio 77, **77**
 Museo del Origami de Tokio 90
 Museo del Samurái y el Ninja **88,** 88-89, **89**
 Museo Ghibli 16, 34, **34**
 Museo Nacional de Naturaleza y Ciencia 111, **111**
 papelería Ozu Washi 91
 papelerías 36, 74, **74**
 parque Chidorigafuchi **12-13**
 parque de atracciones Hanayashiki **17,** 41, **41**
 parque temático Sanrio Puroland 37, **37**
 parque Ueno 111, **111**
 Pokémon Center 35, **35**
 santuario Ueno Toshogu 111
 Sensō-ji 93, **93**
 Shinjuku Ninja Live Show 81, **81**
 templo Azabusan Zenpukuji 111
 Tokyo Dome **16,** 80, **80**
 Tokyo Skytree **17, 70-71,** 71
 trenes 21
 Trick Art Museum 76, **76**
 vendedores de crepes 63, **63**
 Yokozuna Tonkatsu Dosukoi Tanaka 63
 Zoológico de Ueno **17,** 102-103, **102-103**
tiburones 50, 98, **98-99**
tiburones martillo 50, 98
tiendas *konbini* 62, **62**
trenes **18-19, 20-21,** 20-23, **22-23**
trenes bala **18-19,** 20-21, **20-21**
Trick Art Museum, Tokio 76, **76**

U
Universal Studios, Osaka 32, **32,** 40

V
viajes en barco **24,** 24-25, **25,** 51, 108, **108,** 111, **111**
visitas a granjas 116-117, **116-117**

Y
Yokohama 60, **60**

Z
zoológicos 17, 102-103, **102-103**

WEBS Y CRÉDITOS FOTOGRÁFICOS

Cómo moverte por el país (pp. 18-29)
Japan Rail: jrpass.com/es
Tokai Kisen Co. Ferries: www.tokaikisen.co.jp/en/ourship/jetship/
Guía de las estaciones de esquí: skijapan.com

Lugares divertidos (pp. 30-43)
Universal Studios Japan y Super Nintendo World: www.usj.co.jp/web/en/us/areas/super-nintendo-world
Museo Ghibli: ghibli-museum.jp/en/
Museo del Manga de Kioto: kyotomm.jp/en/
Sanrio Puroland y Hello Kitty: en.puroland.jp/language/enjoy/
Centro de tambores Taiko Center: taiko-center.co.jp/english/
Parque de atracciones Hanayashiki de Asakusa: https://en.hanayashiki.net/

¡Vaya vistas! (pp. 44-55)
Guía para subir al monte Fuji: japan-guide.com/e/e6901.html
Monumento a la Paz de los Niños de Hiroshima: www.city.hiroshima.lg.jp/english/peace/1033408/1009685.html
Okinawa Diving Service Lagoon: https://www.padi.com/es/centro-buceo/japon/okinawa-diving-service-lagoon/

¡A comer! (pp. 56-67)
Mercado de pescado de Toyosu: toyosu-market.or.jp/en/fisheries-market/
CupNoodles Museum: cupnoodles-museum.jp/en/yokohama/
Restaurante Yokozuna Tonkatsu Dosukoi Tanaka (experiencia sumo): sumoexperience.com/course/yokozuna-tonkatsu-dosukoi-tanaka/
Guía turística de Japón: www.japan.travel/es/es/

Tokio (pp. 68-81)
Tokyo Skytree: tokyo-skytree.co/
Tokyo Tower: tokyotower.co.jp/
Trick Art Museum: trickart.info/english/
teamLab Borderless: teamlab.art/es/e/tokyo/
Museo Unko: unkomuseum.com/en/tokyo/
Museo Miraikan: www.miraikan.jst.go.jp/en/
Zakuro Show: zakuroshow.com/en

Solo en Japón (pp. 82-93)
Jardín Kenrokuen: www.japan.travel/es/spot/1399/
Museo del Samurái y el Ninja Kioto: mai-ko.com/samurai/
Sensō-ji: senso-ji.jp/english/

El lado más salvaje (pp. 94-105)
Parque de los Monos de la Nieve: en.jigokudani-yaenkoen.co.jp/
Acuario Kaiyukan: en-61698.site-translation.com/
Zoológico de Ueno: www.tokyo-zoo.net/english/ueno/index.html
Parque Nacional de Shiretoko: www.japan.travel/national-parks/parks/shiretoko/

Japón verde (pp. 106-117)
Museo Nacional de Naturaleza y Ciencia: www.kahaku.go.jp/english/
Parque Hirosaki: hirosakipark.com/en/
Cueva de hielo de Narusawa: www.mtfuji-cave.com/en/ice_cave/
Mother Farm: www.motherfarm.co.jp.e.apt.hp.transer.com/

Secretos del país (pp. 118-129)
Buceo con tubo en la isla de Yakushima: yesyakushima.com/event-item/snorkelling/
Isla de Naoshima: www.japan.travel/es/spot/220/
Museo de Arte Gion Kagai: gion-museum.com/es/

CRÉDITOS FOTOGRÁFICOS

Ilustraciones © 2025 John Foster

8-9: Marco Bottigelli/Getty Images / **12-13:** Richie Chan/Shutterstock / **18-19:** Blanscape/Shutterstock / **20-21:** Applepy/Shutterstock (asientos) / Piti Sirisriro/Shutterstock (tren) / **22:** Terence Toh Chin Eng/Shutterstock (tarjeta) / KONGKY/Shutterstock (mapa) / **23:** EQRoy/Shutterstock (trabajador) / KenSoftTH/Shutterstock (pasajeros) / **24:** iStock Unreleased/Getty Images / **25:** d3_plus D.Naruse @ Japan/Getty Images (dormitorios) / The Asahi Shimbun/Getty Images (hidroala) / **26:** Nackoper/ Shutterstock / **27:** Florian Augustin/Shutterstock (bambú) / Twenty47studio/Getty Images (montaña) / **28:** Richard Whitcombe/Shutterstock / **29:** Mayumi.K.Photography/Shutterstock (ambas imágenes) / **30-31:** Honda Mobilityland Corporation / **32:** Kanta Maam/Shutterstock / **33:** ESB Professional/Shutterstock (carteles) / Kyodo News/ Getty Images (Hello Kitty) / **34:** pio3/Shutterstock / **35:** icosha/Shutterstock (Pikachu) / Jonathan Gregson/Lonely Planet (artista) / **36:** Junko Kimura/ Getty Images (gatos) / Workingangel/Dreamstime *(onigiri)* / **37:** KAZUHIRO NOGI/AFP/Getty Images (Hello Kitty) / Emmanuel Faure/Getty Images (mujeres) / **38-39:** Manuel Fernandes/Shutterstock (percusionistas) / a-clip/Getty Images (karaoke) / **40:** ICQ34791919/Shutterstock / **41:** Usa-Pyon/ Shutterstock (Duffy) / jeremy sutton-hibbert/ Alamy Stock Photo (atracción) / **42:** flashfilm/ Getty Images (estadio) / mapman/Shutterstock (banderas de carpas) / **43:** Honda Mobilityland Corporation (carrera) / imagenavi/Getty Images *(mochi)* / **44-45:** Sean Pavone/Shutterstock /**46-47:** jiratto/Getty Images / **48:** Shawn.ccf/ Shutterstock (ciervo) / f11photo/Shutterstock *(torii)* / **49:** Luciano Mortula/Shutterstock (Cúpula Genbaku) / Guasp/Shutterstock (grulla) / **50:** Chris Willson/ Alamy Stock Photo (mantarraya) / Matt Munro/ Lonely Planet (cascada) / **51:** d3_plus/Shutterstock (buceo) / The Asahi Shimbun Premium/Getty Images (murciélago) / **52:** charnsitr/Shutterstock / **53:** DerekTeo/Shutterstock (Godzilla) / Nikada/ Getty Images (anuncios) / **54:** Guitar photographer/ Shutterstock / **55:** marcociannarel/Shutterstock (Pabellón de Oro) / cowardlion/Shutterstock (Pabellón de Plata) / **56-57:** J. Anthony/Stocksy United / **58:** KAZUHIRO NOGI/Getty Images / **59:** z10e/Getty Images *(sushi)* / voy ager/Shutterstock (cinta transportadora de *sushi*) / **60:** Supachai Panyaviwat/Shutterstock / **61:** GI15702993/Getty Images *(noodles)* / Lisovskaya/Getty Images (ramen) / **62:** agustin.photo/Shutterstock (tienda) / noina/ Shutterstock (máquinas de *vending*) / **63:** Jiangang Wang/Getty Images (comida enlatada) / StockStudio Aerials/Shutterstock (crepes) / **64:** AFP/Getty Images (sandía) / GreenSeaWorld/Shutterstock (*kaiseki*) / **65:** BigBearCamera/Shutterstock (*okonomiyaki*) / Ladanifer/Shutterstock *(nattō)* / **66-67:** Kenishirotie/ Shutterstock (dulces) / Greg Elms/Lonely Planet (té) / **68-69:** Sean Pavone/Shutterstock / **70-71:** InfantryDavid/Shutterstock (autobús) / f11photo/ Shutterstock (Skytree) / **72-73:** Sean Pavone/ Shutterstock / **74:** Michael Gordon/Shutterstock (exterior) / Carolyne Parent/Shutterstock (interior) / **75:** VTT Studio/Shutterstock (comida de plástico) / Chatchai.wa/Shutterstock (niña) / **76:** John S Lander/Getty Images / **77:** teamLab, Balance Stepping Stones in the Invisible World © teamLab (exposición) / MIXO/Getty Images (juguetes) / **78:** cowardlion/Shutterstock / **79:** Jun Sato/Getty Images (robot) / John S Lander/Getty Images (Museo Unko) / **80:** kuremo/Shutterstock / **81:** robertharding/ Alamy Stock Photo (marioneta) / Ninja + Kabuki Tokyo (espectáculo de ninjas) / **82-83:** Aflo Images/ Getty Images / **84:** The Asahi Shimbun/Getty Images / **85:** Kim Kyung Hoon/Reuters/Redux *(bo-taoshi)* / roibu/Shutterstock (yudo) / **86:** supawat bursuk/Shutterstock / **87:** anek.soowannaphoom/ Shutterstock (niña) / Boyloso/Shutterstock (sandalias) / **88-89:** Museo del Samurai y el Ninja en Kioto (todas las imágenes) / **90:** kokouu/Getty Images / **91:** Cavan Images/Getty Images (juegos) / Masayuki Nakaya for Lonely Planet *(washi)* / **92:** The Asahi Shimbun/Getty Images / **93:** Rintaro Kanemoto for Lonely Planet (farolillo) / Lottie Davies/Lonely Planet (puertas) / **94-95:** Satoru Kobayashi/500px/Getty Images / **96-97:** BlueOrange Studio/Shutterstock (abajo) / emperorcosar/Shutterstock (arriba) / **98-99:** Jamo Images/Shutterstock / **100:** Masayuki Nakaya for Lonely Planet / **101:** Odua Images/Shutterstock (carpas) / freedomnaruk/Shutterstock (pez) / **102-03:** Rita_Kochmarjova/Shutterstock (cobayas) / Chris Willson/Alamy Stock Photo (oso panda) / **104:** The Asahi Shimbun Premium/Getty Images / **105:** Tsuneo Nakamura/Volvox Inc/Alamy Stock Photo (foca) / Henrik Karlsson/Getty Images (águila) / **106-07:** Sean Pavone/Shutterstock / **108:** 10max/Shutterstock (remolino) / Sean Pavone/Shutterstock (Beppu) / **109:** The Asahi Shimbun Premium/Getty Images (cascada) / Chiara Salvadori/Getty Images (baño termal) / **110:** Sean Pavone/Shutterstock / **111:** Dukas/Getty Images (barcas) / AKKHARAT JARUSILAWONG/ Shutterstock (cráneo) / **112-13:** preuk13/Getty Images (teleférico) / yoshihiro ishigaki/Shutterstock (corazón) / **114-15:** amana images inc./Alamy Stock Photo (cueva de hielo) / The Asahi Shimbun/ Getty Images (Cueva de Akiyoshido) / **116-17:** The Asahi Shimbun/Getty Images (cabras) / onemu/ Shutterstock (terrazas de arroz) / **118-19:** Christoph Hilger/500px / **120:** Sean Pavone/Shutterstock (costa) / amana images inc./Alamy Stock Photo (ballena) / **121:** buttchi 3 Sha Life/Shutterstock (pez payaso) / Yoshiyoshi Hirokawa/Getty Images (surf) /

122-23: Gregory Ferguson/Getty Images *(sandboard)* / Buddhika Weerasinghe/Getty Images (camellos) / **124:** Takami Shimura/Getty Images / **125:** 365 Focus Photography/Shutterstock (fotomatón) / LCHIM/ Shutterstock (casa de arte) / **126-27:** tiffgraphic/ Shutterstock (pelo) / xavierarnau/Getty Images (*maiko*) / **128:** Blanscape/Shutterstock / **129:** Hakase_420/Shutterstock (servicio) / WildSnap/ Shutterstock (hotel) / **130-131:** BlueOrange Studio/ Shutterstock / **132-133:** DerekTeo/Shutterstock / **141:** Daily Travel Photos/Shutterstock

SOLUCIÓN A ENCUENTRA LAS DIFERENCIAS

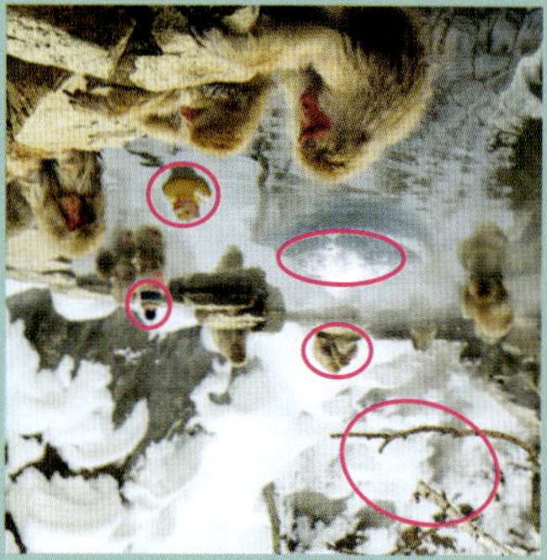

Las luces de Tokio brillan en las calles las 24 horas. Si la noche está despejada, ¡hasta se ven desde el espacio!